Contents

AF215891

1.1 My home

1 ¡Socorro! Escribe las vocales que faltan. Una pista: el símbolo * significa que las vocales que faltan son las mismas.

1 l__ __lde__*

2 __l b__rr__o

3 l__ gr__nj__*

4 __l lug__r

5 l__ m__nt__ñ__

6 __l p__ebl__

7 __l __p__rt__ment__

8 l__ c__ud__d

> All nouns in Spanish are either *masculine* or *feminine*.
>
> Masculine nouns usually have the **definite article** *el* (the) or the **indefinite article** *un* (a / an) in front of them.
>
> Feminine nouns usually have the **definite article** *la* (the) or the **indefinite article** *una* (a / an) in front of them.

2 Para cada sustantivo escribe *el* o *la*.

1 .... ciudad

2 .... sistema

3 .... habitación

4 .... Navidad

5 .... programa

6 .... televisión

7 .... problema

3 Resuelve los anagramas.

1 embluse .... (*furniture*)

2 accion .... (*kitchen*)

3 lipoma .... (*wide*)

4 aceleras .... (*staircase*)

5 lónas .... (*living room*)

6 boteria .... (*open*)

7 illopas .... (*corridor*)

8 tenvana .... (*window*)

> Spanish nouns become **plural** by adding:
> - *s* if the noun ends in a vowel
> - *es* if the noun ends in a consonant.
>
> The plural of …
> - *el* is *los* (the)
> - *la* is *las* (the).
>
> The plural of …
> - *un* is *unos* (some)
> - *una* is *unas* (some).

4 Cambia estos sustantivos al plural. El primero es un ejemplo.

   1 la casa *las casas*

   2 la habitación ……. ………….. (sin acento en el plural)

   3 el garaje ……. …………..

   4 la cama ……. …………..

   5 el cuadro ……. …………..

   6 la actividad ……. …………..

   7 el error ……. …………..

   8 el cojín ……. ………….. (sin acento en el plural)

5 Sopa de letras. Busca las diez palabras de la lista. Después, usa las palabras en una descripción, por ejemplo: "Prefiero no vivir en un piso; me gusta mi casa antigua porque …".

antiguo	comedor	piso	casa	jardín
campo	dormitorio	calefacción	costa	vivir

K	Z	I	C	N	O	C	N	D	Q	D	A	C	O	D
D	Y	H	O	Í	U	A	O	F	C	T	C	O	O	T
N	Q	T	U	D	U	L	X	U	S	A	W	R	Z	T
Q	D	B	I	R	T	E	K	O	G	Q	M	R	U	S
A	A	P	X	A	X	F	C	G	M	I	Q	P	R	H
L	N	S	B	J	R	A	S	C	T	L	T	F	O	J
R	O	D	E	M	O	C	L	O	R	E	W	N	A	P
X	V	W	F	C	H	C	R	T	C	Z	C	J	A	I
M	L	H	C	A	T	I	D	W	Q	O	H	Y	C	S
H	S	A	U	F	O	Ó	B	V	I	V	I	R	H	O
U	S	L	T	H	S	N	E	M	N	B	F	F	D	D
A	L	P	D	U	S	G	W	V	C	A	M	P	A	Q

6 Subraya la palabra o expresión que no encaja.

1 habitación	cocina	salón	lavaplatos
2 duermo	amplio	descanso	hago los deberes
3 viajo	desayuno	ceno	como
4 jardín	terraza	hermana	garaje
5 tranquilo	cómodo	antiguo	sillón
6 rubio	luminoso	oscuro	amplio

7 Empareja las actividades (números) con los lugares (letras). ¡Atención! Hay un lugar que se usa dos veces. El primero es un ejemplo.

1 donde duermo	F		**A**	garaje
2 aquí juego al fútbol	....		**B**	ático
3 donde guardar el coche	....		**C**	cocina
4 aquí leo y veo la tele	....		**D**	comedor
5 donde desayuno	....		**E**	jardín
6 preparo la comida aquí	....		**F**	dormitorio
7 donde cenar si hay visita	....		**G**	salón

8 Detective de preposiciones. Escribe las letras que faltan en estas preposiciones. Con una línea, indica su equivalente en inglés.

det.................	*under*
den.................	*behind*
del.................	*inside*
deb.................	*in front*

9 Escribe las letras que faltan en estas preposiciones y, con una línea, indica su equivalente en inglés.

en................. de	*far from*
al .... de	*near to*
ce................. de	*on top of*
le................. de	*next to*

 Cambridge IGCSE™ Spanish Grammar and Vocabulary Workbook

> Spanish **adjectives** agree with the nouns they describe in terms of gender (masculine / feminine) and number (singular / plural), and their endings change to reflect this agreement, for example *un gato negro, la alfombra roja, los chicos guapos, las casas modernas.*

10 Escribe la forma apropiada del adjetivo para cada sustantivo.

1 la comida (*bueno*) ....

2 el coche (*rojo*) ....

3 la butaca (*blanco*) ....

4 un jardín (*verde*) ....

5 unos árboles (*alto*) ....

6 unas flores (*bonito*) ....

7 los pisos (*céntrico*) ....

8 las casas (*viejo*) ....

> Adjectives are usually placed *after* nouns, but some common adjectives (*buen(o)/a, mal(o)/a, pequeño/a, gran(de)*), numbers and *último/a* can go before. This is sometimes to add a bit more emphasis, because the adjective gives more important information than the noun. Refer to C in the Student's Book grammar section for information about irregular adjectives, such as *gran(de)*.

1.2 My school

The **present tense** is used for something that happens regularly or exists at the time of speaking. To form the present tense of regular verbs, the endings below are added to the stem of the infinitive.

	-ar verbs	*-er* verbs	*-ir* verbs
yo	bail**o**	com**o**	viv**o**
tú	bail**as**	com**es**	viv**es**
él / ella / usted	bail**a**	com**e**	viv**e**
nosotros/as	bail**amos**	com**emos**	viv**imos**
vosotros/as	bail**áis**	com**éis**	viv**ís**
ellos / ellas / ustedes	bail**an**	com**en**	viv**en**

Some verbs have an irregular form only in the first-person singular.

Some verbs are completely irregular; they each have their own pattern and must be memorised.

Some verbs (known as *stem-changing* or *radical-changing verbs*) have a spelling change in the vowel of the stem in the singular forms and the third-person plural.

1 Rellena los huecos con la forma adecuada del verbo en el presente para completar las siguientes frases.

1 ¿Tú no .... nunca por la tarde? (*estudiar*)

2 Esta casa .... paneles solares. (*usar*)

3 Los chicos .... cada día en su cuaderno. (*escribir*)

4 Marta, ¿tú .... hablar otro idioma ? (*saber*)

5 Yo .... las clases a las cuatro. (*terminar*)

6 Nosotros .... a la una normalmente. (*comer*)

7 ¿A qué hora .... la clase de inglés? (*empezar*)

8 Mis padres .... en el jardín. (*estar*)

2 Rellena los huecos con la palabra apropiada del recuadro. ¡Atención! No necesitas todas las palabras.

aprendo	asignatura	física	interesante	divertidas
francés	ciencias	estudiar	instituto	educación física

   1 La biología en mi .... siempre es una asignatura ....

   2 Las lenguas son .... y .... mucho.

   3 Tengo muchos deberes hoy: mi idea es primero .... matemáticas y después mi

     .... favorita, el inglés.

3 Resuelve los anagramas.

   1 ída .... (*day*)

   2 reintentase .... (*interesting*)

   3 cinesica .... (*sciences*)

   4 calores .... (*school, adj.*)

   5 derrapen .... (*to learn*)

   6 daimio .... (*language*)

4 Escribe las letras que faltan en estas palabras relacionadas con el instituto.

   1 ap__en__er   **5** la __ro__es__ra

   2 el __e__can__o   **6** la__ c__enc__as

   3 el i__i__ma   **7** el __ecr__o

   4 la __en__ua   **8** __ác__

5 Detective lingüístico. Resuelve las pistas. Tienes las dos primeras letras.

   1 Una de las ciencias: fí...........................

   2 Un idioma que puedes aprender en el instituto: fr...........................

   3 Algo preferido: fa...........................

   4 Contrario de "difícil": fá...........................

   5 Un pasatiempo con cámara, estudiado en un taller: fo...........................

   6 El último partido de un torneo: fi...........................

   7 Un día extra de vacaciones: fi...........................

   8 Un deporte que puedes practicar en el instituto: fú...........................

> **Cardinal numbers** are used for counting.
>
> Numbers 1–30 are written as a single word.
>
> Numbers containing *un(o)* and multiples of *ciento* have a masculine and feminine form.
>
> *Ciento* is shortened to *cien* before a noun, an adjective and *mil*, but not before any other number.
>
> Remember that y (and) goes between the tens and units in Spanish, *not* the hundreds and tens like in English, for example 138 is 'one hundred and thirty-eight' in English, but *ciento treinta y ocho* in Spanish.

6 Escribe los números en cifras.

1 las cuatro y cuarto ....

2 las dos y media ....

3 las doce menos diez ....

4 la una menos cinco ....

5 las ocho y veinticinco ....

6 ochenta y uno ....

7 setenta y nueve ....

8 las once menos veinte ....

7 Descubre las palabras secretas. Las letras que se usan corresponden a una serie de números. Utiliza la clave para descifrar las palabras; también tienes que rellenar algunos espacios y poner los acentos ortográficos que faltan.

A	B	C	D	E	G	H	I	L	M	N	O	P	R	S	T	U	V
1	2	3	4	5	7	8	9	12	13	14	15	16	18	19	20	21	22

1 5, 19, 20, 21, 4, __, 1, 14, __, 5 ....

2 8, 15, 18, 1, __, __, 15 ....

3 4, 5, 16, __, 18, 20, 1, __, 5, __, 20, 15 ....

4 7, 9, 13, __, 1, 19, __, 15 ....

5 15, 16, 20, 1, __, __, 22, 15 ....

6 3, 21, __, __, 15 ....

7 15, __, 12, __, 7, 1, __, 15, __, 9, 15 ....

8 1, 12, __, 13, __, 15 ....

8 Rellena los huecos para resolver las oraciones, escogiendo tres de las cuatro palabras a continuación.

1 Los .... aprenden sobre las .... en el ....

    laboratorio   *alumnos*   *matemáticas*   *ciencias*

2 Hay muchos .... que se pueden practicar en el .... con los

    ....

    amigas   *polideportivo*   *deportes*   *compañeros*

3 El .... de .... es interesante para los ....

    profesora   *alumnos*   *fotografía*   *taller*

4 El próximo .... vamos a estudiar el .... , una ....
popular actualmente.

    lengua   *idioma*   *curso*   *chino*

5 Mi .... tiene buenas .... aunque el .... es
antiguo.

    libro   *instituto*   *instalaciones*   *edificio*

6 Uso la .... durante el .... con mis ....

    amigos   *recreo*   *lección*   *biblioteca*

> ***Tener*** is used in a number of common expressions to say how old you are (for example *tengo 15 años*), whether you are thirsty or hungry (for example *tengo hambre*) and whether you feel hot or cold (for example *tengo frío*). If your first language is English, you will be more used to using the verb 'to be' with these expressions, so take particular care.

9 Empareja las expresiones con *tener* (números) con las frases (letras). El primero es un ejemplo.

1	Este año mi equipo tiene mucho éxito.	B	**A**	Necesitas dormir.
2	Tengo ganas de comer algo.	....	**B**	*Gana el partido de fútbol.*
3	Mi madre tiene razón.	....	**C**	Aquí hay pan y queso.
4	Tenemos prisa porque el tren sale pronto.	....	**D**	Quiero beber algo.
5	Tengo sed.	....	**E**	Sube la temperatura.
6	¿Tienes sueño?	....	**F**	Habla de su edad.
7	Con el jersey y la bufanda ahora tengo mucho calor.	....	**G**	Vamos de viaje.
8	¿Cuántos años tiene ella?	....	**H**	Dice la verdad.

1.3 My eating habits

> **Interrogative adjectives** always have a written accent. They are:
> - *¿qué?*   what?
> - *¿cuánto/a/os/as?*   how much / many?

1 Elige la forma apropiada del adjetivo interrogativo para completar estas frases.

   1 **¿Cuántos | Qué** años tiene la hija de Carlos?

   2 **¿Cuánta | Qué** cosas quieres comprar?

   3 **¿Cuántas | Qué** personas viven en el piso de la tercera planta?

   4 **¿Cuántas | Cuánto** veces tengo que repetir esto?

   5 **¿Cuánto | Qué** vestido prefieres, Alma?

2 ¡Socorro! Escribe las vocales que faltan para descubrir el alimento. Una pista: el símbolo * significa que las vocales que faltan son las mismas.

   1 p__t__t__ *

   2 m__nz__n__ *

   3 b__c__d__ll__

   4 t__st__d__s

   5 l__ch__ *

   6 z__m__

   7 p__ñ__

   8 c__r__al__s*

3 Subraya la palabra que no encaja.

1 café	té	mermelada	batido
2 agua	leche	limonada	marisco
3 cenar	desayunar	pan	comer
4 pastel	postre	tarta	salchicha
5 mantequilla	desayuno	almuerzo	cena
6 rico	delicioso	grasiento	fresco

4 Sopa de letras. Busca las diez palabras de la lista. Después, escribe "el / la / las" para cada palabra.

agua	carne	pollo	huevo	pan
arroz	cebolla	ensalada	leche	uvas

E	X	E	F	W	K	N	E	Q	Q	S	G	O	S	O
B	N	W	N	C	A	R	N	E	A	O	E	O	B	D
A	G	A	O	E	Q	O	E	V	S	Y	W	U	U	L
Z	P	U	C	U	Y	V	U	P	T	Y	R	Z	G	U
E	O	M	C	O	J	T	W	R	W	O	V	Z	H	J
N	U	R	O	M	Q	F	H	W	C	L	D	U	O	R
S	D	L	R	K	M	I	M	D	H	L	D	R	G	L
S	D	I	E	A	T	D	D	W	W	O	A	A	T	T
C	Z	P	A	C	O	V	E	U	H	P	J	W	V	Z
X	N	E	L	A	H	Z	V	G	Y	D	L	P	U	I
S	D	E	L	J	U	E	I	O	L	H	U	T	D	I
D	J	V	O	D	N	G	A	D	A	L	A	S	N	E
I	V	T	B	I	B	H	A	N	M	L	X	T	W	J
F	V	C	E	N	O	O	P	E	L	S	V	L	S	X
W	X	D	C	P	A	Z	O	N	Y	F	U	E	A	G

5 Decide si estas oraciones son verdaderas (V) o falsas (F).

1 El desayuno es por la tarde. ....

2 La leche es un líquido blanco. ....

3 Cenamos a las nueve de la mañana. ....

4 Los pasteles y los postres son dulces. ....

5 La cebolla es un postre. ....

6 La ensalada se sirve para el desayuno. ....

7 La paella tiene arroz. ....

8 El zumo de fruta es una bebida. ....

6 Descubre las palabras secretas. Las letras que se usan corresponden a una serie de números. Utiliza la clave para descifrar las palabras; también tienes que rellenar algunos espacios y poner los acentos ortográficos que faltan.

A	C	D	E	F	G	H	I	L	M	N	O	P	R	S	T	U	V	Z
1	3	4	5	6	7	8	9	12	13	14	15	16	18	19	20	21	22	23

1 8, 21, 5, __, 15, 19 ....

2 __, 1, 20, 1, 20, 1 ....

3 6, 18, __, 19, 1 ....

4 3, 8, 15, 3, 15, 12, 1, __, 5 ....

5 16, 1, __, 12, 12, 1 ....

6 20, 15, 13, __, 20, 5 ....

7 Resuelve los anagramas.

1 cronica .... (*to cook*)   **5** racimos .... (*seafood*)

2 pectina .... (*spicy*)   **6** ignoraste .... (*fatty*)

3 laminado .... (*lemonade*)   **7** llagaste .... (*biscuits*)

4 aldeanas .... (*salad*)   **8** villania .... (*vanilla*)

> The **interrogative pronouns** are:
>
> | | | | |
> |---|---|---|---|
> | *¿qué?* | what? / which? | *¿(a)dónde?* | where? |
> | *¿cual / cuáles?* | which? | *¿por qué?* | why? |
> | *¿quién / quiénes?* | who? | *¿cuándo?* | when? |
> | *¿de quién / quiénes?* | whose? | *¿cuánto?* | how much? |
> | *¿cómo?* | how? | | |

8 Elige el pronombre interrogativo correcto entre las tres opciones.

1 ¿**Cuál | Cuándo | Qué** hora es?

2 ¿**Quién | Por qué | Cuál** no vienen los niños a la biblioteca con nosotros?

3 ¿**Dónde | Qué | Cuánto** está el polideportivo?

4 ¿**Cómo | Cuál | Cuánto** cuesta esta fruta?

5 ¿**Adónde | De quién | Por qué** es el coche nuevo?

6 ¿**Cuáles | Cuándo | Cuánto** va Ricardo a Perú?

9 Usa las pistas y escoge la palabra apropiada del recuadro. ¡Atención! No necesitas todas las palabras.

leche	tortilla	coco	plátano	tomate
fresa	azúcar	mantequilla	pescado	helado

1 Verdura fresca, de color rojo, para ensaladas: ....

2 Postre muy frío; de vainilla, fresa, chocolate: ....

3 Plato español de huevos, patatas, cebolla: ....

4 Fruta roja, pequeña, muy dulce; helado de: .... / batido de ....

5 Alimento básico del mar, contiene muchas proteínas: ....

6 Para endulzar pero ¡atención! consumir en moderación: ....

7 Líquido blanco, nutritivo: ....

8 Fruta amarilla y alargada del Caribe: ....

10 Rellena los huecos con la forma apropiada de un pronombre interrogativo.

1 ¿ .... hermanos tienes? (*How many*)

2 ¿ .... hermanas tienes? (*How many*)

3 ¿ .... fruta prefieres? (*Which*)

4 ¿ .... estás haciendo, Paco? (*What*)

5 ¿ .... cuesta el menú del día? (*How much*)

6 ¿ .... años tienes? (*How old*)

> With the verb *gustar*, it is often helpful to think of it as meaning 'to please' rather than 'to like', so when we say *me gusta* we are actually saying 'it pleases me'. There are other verbs that work like *gustar* and these are: *costar, doler, faltar, hacer falta, interesar* and *molestar*.
>
> If the subject is plural, the verb must also be plural: *Le gustan los tomates* (*los tomates* are the subject). You can use these verbs with nouns, for example *le interesa la historia*, and infinitives, for example *nos gusta beber té*.

11 En otra hoja, traduce las siguientes frases a tu propio idioma.

1 Me gusta viajar.

2 Me gustan los caramelos.

3 ¿Te gustan estos zapatos?

4 A Pedro le gusta el baloncesto.

5 A mi madre le gustan las comidas picantes.

6 No nos gusta viajar en coche.

7 ¿Os gusta la pizza?

8 A mis primos les gustan las películas de terror.

To form the **present continuous tense**, the present tense of *estar* is used with the gerund, which ends in *-ando* or *-iendo*. The tense is used to express what is happening now.

	-ar verbs	*-er* verbs	*-ir* verbs
yo	*estoy bail**ando***	*estoy com**iendo***	*estoy viv**iendo***
tú	*estás bail**ando***	*estás com**iendo***	*estás viv**iendo***
él / ella / usted	*está bail**ando***	*está com**iendo***	*está viv**iendo***
nosotros/as	*estamos bail**ando***	*estamos com**iendo***	*estamos viv**iendo***
vosotros/as	*estáis bail**ando***	*estáis com**iendo***	*estáis viv**iendo***
ellos / ellas / ustedes	*están bail**ando***	*están com**iendo***	*están viv**iendo***

12 Completa estas frases poniendo el gerundio apropiado en cada hueco, usando los verbos del recuadro. El primero es un ejemplo.

jugar	**vender**	**vivir**	**volver**
escribir	**limpiar**	**mirar**	**hacer**

1 Mi amigo está haciendo los deberes ahora.

2 Juan está .... al fútbol con los amigos.

3 Ahora mismo estoy .... la cocina.

4 Nosotros estamos .... la tele.

5 En este momento mis padres están .... a casa.

6 Javi y Berta, ¿estáis .... una carta o una postal?

2.1 Self, family, pets, personal relationships

1 Sopa de letras. Busca las diez palabras de la lista. Después, usa las palabras en una descripción, por ejemplo: "Un gato feo y un conejo gordo."

bajo	delgado	feo	gordo	rizado
bonito	enorme	genial	mascota	rápido

R	K	Q	W	Y	A	W	L	E	N	O	R	M	E	K
B	Y	P	W	U	J	R	W	A	K	D	W	D	I	M
S	B	O	N	I	T	O	B	F	I	A	T	F	E	X
U	E	K	I	Q	O	S	E	Z	K	N	W	Y	M	U
M	B	E	M	X	H	G	I	R	S	J	E	R	E	W
B	P	V	X	F	O	R	L	I	M	F	U	G	D	R
F	H	J	Z	J	W	V	O	Z	C	X	O	J	A	B
T	U	Q	I	P	A	V	D	A	E	Y	U	P	C	S
Z	P	L	D	X	T	R	A	D	R	Á	P	I	D	O
S	S	Y	K	Q	R	A	G	O	O	G	J	I	X	Q
M	A	S	C	O	T	A	L	I	B	B	O	L	F	T
H	Z	B	Y	P	O	B	E	A	L	E	F	R	T	B
F	M	Y	L	G	E	T	D	Z	I	I	N	W	D	C
V	S	M	U	F	K	D	W	O	E	F	D	K	Y	O
F	Z	N	D	P	O	A	I	F	H	L	M	Q	M	Q

2 Subraya la palabra que no encaja.

1 discuto   hermano   primo   padre

2 gordo   feo   agresivo   rosa

3 perezoso   vago   idiota   fabuloso

4 rizado   liso   verde   largo

5 azul   delgado   bajo   alto

6 mayor   rubio   negro   castaño

3 Resuelve los anagramas.

1 enromo .... (*dark*)

2 catamos .... (*pet*)

3 enliga .... (*great*)

4 tequio .... (*calm*)

5 impar .... (*cousin*)

6 botija .... (*short*)

4 Descubre las frases secretas. Las letras que se usan corresponden a una serie de números. Utiliza la clave para descifrar las palabras; también tienes que rellenar algunos espacios y poner los acentos ortográficos que faltan.

A	B	C	D	E	G	H	I	L	M	N	O	P	R	S	T	U	V
1	2	3	4	5	7	8	9	12	13	14	15	16	18	19	20	21	22

1 5, 12 3, 21, 13, 16, 12, 5, __, __, __, 19 4, 5 13, 9 13, __ 13, 1 5, 19 __, 1, 14, 1, __, 1.

....

2 19, 15, __ 8, __, __, 1 21, 14, __, 3, 1 16, 5, __, 15 20, __, 14, 7, __ 13, 21, 3, __, 15, 19 16, 18, __, 13, 15, __.

....

3 13, __, __ 8, 5, 18, 13, 1, __, 15, __ 19, 15, 14 14, __, 18, 22, __, 15, 19, 15, 19 16, 5, 18, 15 __, 15 19, 15, __ 20, 18, 1, 14, __, 21, 9, 12, 15.

....

4 13, __ 13, 5, __, 15, 18 1, __, __, __, 1 19, __ 12, 12, 1, __, 1 1, 12, 2, 1.

....

5 En cada una de estas preguntas falta una palabra. Rellena el hueco con la palabra apropiada.

1 ¿Cómo .... llamas?

2 ¿ .... es tu carácter?

3 ¿De qué .... tienes el pelo?

4 ¿En .... trabaja tu padre?

5 ¿Tú siempre .... gafas de sol?

6 ¿ .... vives?

7 ¿Cómo .... tú físicamente?

8 ¿Cuántos años .... tú?

> Several common adjectives lose the final o when they come before a masculine singular noun. The technical name for this is **apocopation**. *Grande* is an exception: it shortens to *gran* before all singular nouns.

6 Elige el adjetivo apropiado del recuadro para completar estas frases.

un	primer	algún	tercera
mal	buen	buenas	

1 ¿Tienes .... libro interesante?

2 Este es mi .... viaje a Chile.

3 Vivimos en la .... casa a la derecha.

4 Tengo .... problema.

5 Hace .... tiempo hoy. Está lloviendo.

6 Te presento a mi .... amigo, Koldo.

7 Te presento a mis .... amigas, Lucía y Mònica.

> **Possessive adjectives** agree in number and gender with the noun that follows.
>
> | Singular | Plural | English |
> |---|---|---|
> | *mi* | *mis* | my |
> | *tu* | *tus* | your |
> | *su* | *sus* | his / her / your (formal) |
> | *nuestro/a* | *nuestros/as* | our |
> | *vuestro/a* | *vuestros/as* | your |
> | *su* | *sus* | their / your (formal) |

7 Elige el adjetivo posesivo correcto en cada una de estas frases. El primero es un ejemplo.

1 ¿Tienes **tu** | **tus** | **nuestros** llaves, Mariana?

2 **Vuestros** | **Mis** | **Nuestro** jardín está lleno de flores.

3 Señor Gómez, **su** | **tu** | **nuestra** coche está muy sucio.

4 Los niños siempre organizan **sus** | **tu** | **nuestra** propios libros.

5 Tengo que hacer **tu** | **mis** | **su** deberes esta tarde.

6 **Tus** | **Tu** | **Sus** padre, ¿va a Valencia en tren, Camila?

7 Sofía y Martín, conozco a **nuestra** | **vuestros** | **tu** hermanos.

8 **Nuestra** | **Nuestro** | **Sus** profesora de matemáticas es muy estricta.

> In Spanish, **reflexive verbs** are always accompanied by a reflexive pronoun (myself, yourself, and so on), which changes according to the subject of the verb. If you are an English speaker, remember that these reflexive pronouns are often not used in English, so take particular care, for example with *afeitarse* (to shave); in English there is no need to say 'to shave oneself', but that is what happens in Spanish.

8 Rellena los huecos en este recuadro.

Spanish	English
me acuesto	1 ....
2	*you (singular, informal) have a shower*
él se prepara	3 ....
4	*she has a wash*
nos despertamos	5 ....
6	*you (plural, informal) get up*
ellas se aburren	7 ....
8	*they put on (their coats)*

9 ¡Socorro! Escribe las letras que faltan.

  1 Siem__re __e duch__ po__ la __añ__n__.

  2 M__ ami__a nunc__ s__ pon__ guant__s.

  3 La__ c__icas __e acuest__n tar__e.

  4 A__tes __e i__ al in__titu__o m__ pein__.

  5 No__ levan__am__s a __as siet__.

  6 M__ lav__ lo__ dient__s desp__és __e desay__nar.

> **Adjectives** can be used to compare people or things, using *más … que* (more than) and *menos … que* (less than).
>
> **Adverbs** can be used to compare actions in the same way.
>
> When the people, things or actions are of comparable value, the construction *tan(to) … como* (as … as) is used. *Tanto* translates as 'as much' and the plural form *tantos/as* means 'as many'.
>
> Remember:
> - When a number follows *más*, it must be followed by *de*, not *que*.
> - If *más* or *menos* is followed by a clause containing a verb, *del que / de la que / de lo que* must be used.

10 Rellena los huecos, escribiendo *más*, *menos*, *tan* o *tanto*.

  1 Me levanto .... temprano en verano que en invierno. (*more*)

  2 Aquí el rugby es .... popular que el fútbol. (*less*)

  3 Creo que soy .... trabajadora que mi amiga Lisa. (*less*)

  4 Aitor estudia .... como yo. (*as much*)

  5 Mis amigas son .... simpáticas como mis amigos. (*as*)

  6 En mi instituto, hay .... de 1.000 alumnos. (*more*)

11 Rellena los huecos con la forma apropiada del verbo *ser*.

  1 .... verdad que yo ayudo menos en casa pero yo .... mejor cocinera.

  2 Mis padres .... profesores y .... bastante estrictos.

  3 No .... necesario ver todo el programa para saber que .... aburrido.

  4 .... las nueve y .... un poco tarde para salir.

  5 Yo .... ambicioso pero mi hermana mayor .... más relajada.

2.2 Life at home

1 Subraya la palabra o expresión que no encaja.

1 acostarse	despertarse	peinarse	juego de mesa
2 desayunar	ducharse	comer	cenar
3 ver la tele	estudio en clase	leer libros	escuchar música
4 vestirse	lavarse las manos	lavarse la cara	lavarse los dientes
5 deporte	tarde	piano	ajedrez
6 trabajo	escucho música	juego	veo la tele

2 Decide si estas oraciones son verdaderas (V) o falsas (F).

1 El ajedrez es un instrumento musical. ....

2 El desayuno se toma por la mañana. ....

3 Ponerse el uniforme antes de ducharse es una buena idea. ....

4 Navegar por Internet es fácil con una buena conexión. ....

5 Tocar la guitarra y cocinar al mismo tiempo es fácil. ....

6 Ver la tele durante horas y horas puede ser aburrido. ....

Adverbs modify verbs; they may tell you when, how or where something is done. In English most adverbs end in '-ly' and in Spanish most end in *-mente*. They are formed by taking the feminine adjective and adding *-mente* onto the end.

Interesting fact: Back when Spanish was evolving from Latin, one way the Romans modified a verb was by saying the 'state of mind' someone was in when they did something. The Spanish for 'mind' is *la mente*, so that is why we have to use the feminine adjective; *tranquilamente* literally means 'with a quiet mind'. Now, of course, we use the same formula for lots of adverbs, but this is a good way to remember it's the feminine adjective that is needed.

This also explains why, when two adverbs come together, the first one loses the *-mente* (because one person can have only one mind), for example *sencilla y eficazmente* = simply and efficiently.

Sometimes we can use adverbial phrases such as *de manera / modo* + adjective to describe how something is done, for example *Mi profe de español siempre explica todo de manera clara.* (My Spanish teacher always explains everything clearly).

---

3 Subraya el adverbio en cada frase.

1 El chico trabaja constantemente.

2 María come lentamente.

3 Los autobuses llegan frecuentemente.

4 Tristemente no puedo ir a la fiesta hoy.

5 Seguramente voy a ir al cine el sábado.

6 Aquí Internet funciona rápida y eficazmente.

4 Empareja las palabras en español (números) con su versión en inglés (letras). ¡Atención! No necesitas todas las palabras en inglés. El primero es un ejemplo.

1 el atletismo	C		**A**	*boring*
2 el baloncesto	....		**B**	*free time*
3 entretenido	....		**C**	*athletics*
4 el partido	....		**D**	*basketball*
5 el / la aficionado/a	....		**E**	*supporter / fan*
6 aburrido	....		**F**	*training session*
7 divertirse	....		**G**	*to have fun*
8 el entrenamiento	....		**H**	*entertaining*
			I	*tournament*
			J	*match*

5 ¡Socorro! Escribe las vocales que faltan. Una pista: el símbolo * significa que las vocales que faltan son las mismas.

1 p__rticip__r*

2 __ntr__nar*

3 b__l__nc__st__

4 t__c__* m__s__ca

5 m__r__tón*

6 __ntr__t__nido*

> The **immediate future** is formed by using the verb *ir* + *a* + the infinitive of the second verb. It is often interchangeable with the future tense, but it tends to be used more colloquially in speech and expresses things that are going to happen quite soon.
>
> | | | |
> |---|---|---|
> | voy | | |
> | vas | | |
> | va | *+ a* | + infinitive |
> | vamos | | |
> | vais | | |
> | van | | |

6 Completa estas frases con el verbo en el futuro inmediato.

1 Por la tarde yo .... un helado. (*comer*)

2 Nosotros no .... los deberes hasta las seis. (*terminar*)

3 Yo .... en Ecuador. (*vivir*)

4 ¿Vosotros .... en tren o en coche? (*viajar*)

5 Ella no .... por la tarde. (*salir*)

The **preterite tense** is used to describe a completed action in the past. To form the preterite tense of regular verbs, the following endings are added to the stem of the verb. This tense is used to describe a completed action in the past.

	-*ar* verbs	-*er* verbs	-*ir* verbs
yo	bail**é**	com**í**	viv**í**
tú	bail**aste**	com**iste**	viv**iste**
él / ella / usted	bail**ó**	com**ió**	viv**ió**
nosotros/as	bail**amos**	com**imos**	viv**imos**
vosotros/as	bail**asteis**	com**isteis**	viv**isteis**
ellos / ellas / ustedes	bail**aron**	com**ieron**	viv**ieron**

7 Fíjate en el ejercicio 6. Ahora cambia las oraciones, situándolas en el pasado. El primero es un ejemplo.

   1 *Por la tarde yo comí un helado.*

   2 ....

   3 ....

   4 ....

   5 ....

The **personal *a*** is used when referring to a human (or, affectionately, to an animal). Place the *a* ahead of the person or pet when they are the direct object in a sentence. (It's not normally used after *tener*.) For example: *Queremos mucho a nuestro gato.*

8 Si es necesario, completa la oración con una *a* personal. Si no hace falta, deja el hueco en blanco.

   1 Te presento .... mi buen amigo Adrià.

   2 Vi .... una película muy interesante la semana pasada.

   3 Ayer invité .... mi amigo: cenamos juntos.

   4 ¿Ves .... mi gato en algún sitio? No sé dónde está.

   5 Tengo .... un hermano.

   6 Conozco .... tu prima Isabel.

9 Caminito. Empezando por la letra que está arriba del todo a la izquierda, sigue el caminito de las letras que forman palabras asociadas con los deportes. ¡Atención! Es posible seguir el caminito en todas las direcciones menos en diagonal. Si quieres, usa un color diferente para las palabras que encuentres – hay nueve en total. La primera palabra ya la tienes marcada.

B	A	F	F	Ú	O	N	A	C	I	A	A	R	H	Í
E	L	Ó	N	T	D	I	T	A	Ó	N	N	T	A	P
Q	E	L	O	B	R	T	E	L	O	G	E	E	C	I
U	I	P	O	P	A	R	S	E	N	T	R	N	I	S

> When a preposition is followed by a verb, the verb must be in the **infinitive** form.

10 Elige la preposición apropiada en las oraciones siguientes.

1 Mis amigos empiezan **a** | **de** aprender español.

2 **Al** | **De** salir de casa, me caí.

3 **A** | **Para** conocer una ciudad, hay que caminar.

4 Me quedo aquí **hacia** | **hasta** terminar los deberes.

5 Termino **a** | **de** jugar a las dos esta tarde.

6 Mi padre habla **con** | **de** comprar un coche nuevo.

2.3 Leisure, entertainment, invitations

1 ¡Estas frases no tienen sentido! Cambia el orden de las palabras para resolverlas; la palabra con la letra en mayúscula es la primera.

   1 con voy domingo amigos polideportivo al el los

     El...

   2 toco y encanta una música el violín en me la orquesta

     Me...

   3 cansa los entreno días y mucho todos esto

     Todos...

   4 al dedico y competir me me baloncesto gusta

     Me...

   5 los el la todo deporte sábados por practico tarde sobre

     Practico...

   6 del es es deporte lo sociable mejor que

     Lo...

2 ¡Socorro! Escribe las vocales que faltan. Una pista: el símbolo * significa que las vocales que faltan son las mismas.

   1 p__lidep__rtiv__*

   2 f__tbol__sta

   3 c__mpetitiv__*

   4 t__c__ el vi__lín*

   5 p__tin__je*

   6 af__c__ones*

   7 d__port__*

   8 mis int__r__s__s*

3 Subraya la palabra o expresión que no encaja.

1 quedar	organizar	invitar	el instituto
2 suficiente	invitación	pastel	regalos
3 celebración	fiesta	preguntas	invitados
4 gustar	apetecer	encantar	contestar
5 jugar	reservar	sacar entradas	planear
6 barato	económico	carísimo	razonable

4 Elige un adverbio básico del recuadro para rellenar cada hueco en estas frases. Cada uno se usa solo una vez.

tarde	**aquí**	**ahora**	**despacio**
pronto	**mal**	**siempre**	

1 Como mucho en ese restaurante porque .... hay un buen menú.

2 .... mismo tengo un pequeño problema.

3 Es importante no levantarse .... los días de colegio.

4 Si haces .... los deberes sacas malas notas.

5 ¿Tu amigo llega .... ?

6 Voy a estar .... una hora.

7 Las clases aburridas pasan ....

Not all adverbs end in -*mente*. In fact, those that do not (**basic adverbs**) are probably the most common ones and, although they sometimes look just like adjectives, when we use them as adverbs they do not need to agree with anything. They fall into three categories: time, manner and place.

5 Elige un adverbio básico para completar cada frase. En cada caso hay varias opciones.

1 .... como fruta para mantenerme en forma.

2 .... tengo que hacer deporte.

3 Si tu equipo juega .... , una solución es entrenar más.

4 ¿Prefieres comer .... ?

5 Voy a ir .... , no tengo prisa.

Some common adverbs have an irregular comparative form. These are invariable.

Adverb	Comparative
bien (well)	*mejor* (better)
mal (bad)	*peor* (worse)
mucho (a lot)	*más* (more)
poco (not much)	*menos* (less)

6 Rellena los huecos con la forma apropiada del adverbio para completar las siguientes frases. El primero es un ejemplo.

1 Antoni come *poco* (*not much*) y Nemesio come *menos* (*less*).

2 Yesenia juega .... (*well*) al tenis pero María juega .... (*better*).

3 Adolfo estudia .... (*badly*) pero su hermana lo hace aun .... (*worse*).

4 Yo entreno .... (*a lot*) pero mi amigo lo hace aun .... (*more*).

5 Teresa hace .... (*not much*) para ayudar en casa; su hermano ayuda

.... (*less*).

7 Rellena los huecos con la palabra apropiada del recuadro. ¡Atención! No necesitas todas las palabras.

fotos	gente	chicas	viaje	amigo
tarde	noches	visitas	dinero	
autocar	semana	montañas	hotel	

Cuando visité Chile

Mi padre buscó un pequeño .... donde la .... nos trató muy bien. Entonces

el martes, a primera hora, tomamos un .... para subir hacia las ....

Tardamos muchísimo en llegar. Para mí, lo mejor de la .... ocurrió cuando esquié en los

Andes, y tengo bastantes .... para enseñarte. Pasamos tres .... allí y cuando

regresamos a Santiago el viernes por la .... , un .... organizó

varias .... culturales.

8 Rellena los huecos para resolver las oraciones, escogiendo dos de las tres palabras a continuación.

1 Nosotros .... un viaje a Argentina; .... a Buenos Aires primero.

decidimos   *volamos*   *organizamos*

2 La experiencia me .... porque .... la capital antes de viajar al interior del país.

vimos   *subimos*   *encantó*

3 La excursión a la selva .... cuatro días y .... un paisaje maravilloso.

descubrí   *preparé*   *duró*

4 El avión que .... para ir al interior .... a un aeropuerto pequeño.

llegó   *tomamos*   *tomó*

5 La selva resultó .... por la cantidad de árboles y plantas que ....

encontré   *comí*   *inolvidable*

6 En total .... ocho días en el país y ¿lo que más me .... ? El ambiente de la capital.

pasé   *recordé*   *gustó*

To form the **imperfect tense**, the following endings are added to the stem.

	-ar verbs	*-er* verbs	*-ir* verbs
yo	bail**aba**	com**ía**	viv**ía**
tú	bail**abas**	com**ías**	viv**ías**
él / ella / usted	bail**aba**	com**ía**	viv**ía**
nosotros/as	bail**ábamos**	com**íamos**	viv**íamos**
vosotros/as	bail**abais**	com**íais**	viv**íais**
ellos / ellas / ustedes	bail**aban**	com**ían**	viv**ían**

The tense is used:

- to describe what was happening at a particular time
- to say what used to happen regularly
- for descriptions in the past.

There are only three verbs that are irregular in the imperfect tense: *ir* (*iba*, and so on), *ser* (*era*, and so on) and *ver* (*veía*, and so on).

     Cambridge IGCSE™ Spanish Grammar and Vocabulary Workbook

9 Completa estas frases, poniendo en cada hueco la forma adecuada del verbo en el imperfecto.

1 Mi hijo es muy ruidoso; .... (*ser*) mucho más tranquilo antes de ir a la escuela.

2 Una noche, cuando nosotros .... (*estar*) en Cuba, llovió muchísimo.

3 Mis compañeros de clase .... (*estudiar*) más el año pasado.

4 Cuando yo .... (*vivir*) en Valparaíso, recuerdo que siempre ....
(*hacer*) calor.

5 ¿ .... (*ir*) tú al instituto a pie o en autobús el año pasado?

6 Chicas, ¿ .... (*conocer*) a Pedro Muñoz cuando vosotras .... (*vivir*)
en el pueblo?

10 Ahora, decide cómo usar el verbo: en el pretérito o el imperfecto.

1 Diego .... (*ir*) al instituto cuando .... (*ocurrir*) el accidente.

2 Ella .... (*salir*) de casa cuando de repente .... (*tropezar*).

3 Yo siempre .... (*comprar*) muchos caramelos pero luego ....

(*descubrir*) que .... (*ser*) diabética.

2.4 Eating out

1 Resuelve los anagramas.

1 sacarmela c........................ (*squid*)

2 poca c........................ (*cup*)

3 alta l........................ (*tin*)

4 arsenico r........................ (*portions*)

5 actuen c........................ (*bill*)

6 amarreco c........................ (*waiter*)

7 perdi p........................ (*to ask for*)

8 retne des t........................ s........................ (*to be thirsty*)

2 ¡Socorro! Escribe las letras que faltan. Una pista: el símbolo * significa que las letras que faltan son las mismas.

1 car__e co__ a__ro__

2 p__scado de s__gundo

3 una __ar__a* de __ho__olate*

4 un p__c__* m__s de pa__

5 __ara mí __nos __ha__p__ñone__

6 u__a ens__l__d__* __e __oma__e*

3 Decide si estas oraciones son verdaderas (V) o falsas (F).

1 La cuenta se pide antes de irse de un restaurante. ....

2 La naranjada es una fruta española. ....

3 Las patatas bravas son un plato de pescado y verduras. ....

4 Los calamares son un postre muy bueno. ....

5 El camarero toma nota de lo que pide la gente. ....

6 El aceite se corta con un cuchillo. ....

> **Conjunctions** are words that link words, phrases or sentences. Sometimes they are also called 'connectives'. Remember that the *y* changes to *e* when the next word begins with *i-* or *hi-*. In the same way, *o* changes to *u* when the next word begins with *o-* or *ho-*.
>
> Common conjunctions include:
> - *pero*
> - *y / e*
> - *o / u*
> - *cuando*
> - *porque*

4 Rellena los huecos con una conjunción apropiada del recuadro.

1 Siempre es tarde .... vuelve Papá de su trabajo.

2 Nos encantan los animales .... las plantas.

3 ¿Prefieres este sombrero .... ese?

4 La película que vimos ayer fue divertida .... interesante.

5 Elena quería un vaso de agua .... tenía sed.

6 Los niños son simpáticos, ... son muy traviesos.

5 Detective lingüístico. Resuelve las pistas.

1 Plato español típico de arroz y pescado o carne: ....

2 Un dulce de color marrón: ....

3 Postre muy, muy frío; de varios sabores: ....

4 Persona que sirve la comida en un restaurante: ....

5 Las gambas y los mejillones son ejemplos de este grupo de alimentos: ....

6 Similar a "tener hambre" pero cuando necesitas una bebida: ....

7 Papel con los nombres de los platos que se sirven en un restaurante: ....

> Phrases using the verb *tener*:
> - *prisa*
> - *años*
> - *suerte*
> - *fiebre*
> - *hambre*
> - *calor*
> - *ganas de*
> - *miedo*
> - *frío*
> - *sueño*

6 Todas estas expresiones usan *tener* como verbo. Lee las definiciones y selecciona la expresión correcta del recuadro para rellenar cada hueco.

1 Necesitas correr porque llegas tarde: ....

2 Es urgente comer: ....

3 Tu edad: ....

4 La temperatura es baja y no llevas abrigo: ....

5 Hace mucho sol y el termómetro sube: ....

6 Odias los insectos: ....

7 Es tarde, necesitas dormir: ....

8 Encuentras un billete de 20 dólares en la calle: ....

7 Crucigrama.

Horizontales

2 Después de "primero"; también, hay 60 de éstos en un minuto

5 Una cámara saca esta imagen

7 En inglés: *we*

8 Pretérito, yo, verbo "pasar"

Verticales

1 Pretérito, nosotros, verbo "ir"

3 Pretérito, ella, verbo "decir"

4 Presente, vosotros, verbo "estar"

6 Pretérito, yo, verbo "ganar"

8 Rellena el hueco con la forma apropiada del adjetivo para formar la comparación.

1 Mi equipo es .... que tu equipo. (*bueno*)

2 Hoy tengo .... día: ni tengo hambre. (*mal*)

3 Los idiomas son de .... importancia hoy en día. (*grande*)

4 Las galletas caseras son .... que las del supermercado. (*bueno*)

5 Mi consola es bastante moderna pero la tuya es .... (*buena*)

6 Este bar es el .... del pueblo. (*mal*)

The **preterite tense** has a number of irregular verbs, which include *andar*, *conducir* and *poner*.

They have a similar irregular pattern, with a change to the stem. Watch out for the spelling of the *ellos / ellas / ustedes* form and note there is no accent on the *él* form.

Infinitivo	yo	él / ella / usted	ellos / ellas / ustedes
andar	*and**uve***	*and**uvo***	*and**uvieron***
conducir	*cond**uje***	*cond**ujo***	*cond**ujeron***
poner	*pus**e***	*pus**o***	*pus**ieron***

---

9 Completa la tabla. Consulta la sección de gramática N3 si no puedes formar el pretérito de estos verbos irregulares.

Infinitivo	Pretérito – yo	Pretérito – él / ella / usted	Pretérito – ellos / ellas / ustedes
poder	pude	....	....
....	....	....	vinieron
traer	....	trajo	....
ir	fui	....	....
ser	....	fue	....
....	supe	....	....
andar	....	....	anduvieron
querer	....	quiso	....

A number of verbs have irregular forms in the **preterite**. These include:

- *dar – di, diste, dio, dimos, disteis, dieron*
- *decir – dije, dijiste, dijo, dijimos, dijisteis, dijeron*
- *estar – estuve, estuviste, estuvo, estuvimos, estuvisteis, estuvieron*
- *hacer – hice, hiciste, hizo, hicimos, hicisteis, hicieron*
- *tener – tuve, tuviste, tuvo, tuvimos, tuvisteis, tuvieron*
- *poner – puse, pusiste, puso, pusimos, pusisteis, pusieron*

Note: the verbs *ser* and *ir* have exactly the same forms! In fact, although this feels as if it might be confusing, the context of what is being said or written makes things clear. The forms are *fui, fuiste, fue, fuimos, fuisteis, fueron*.

10 Rellena los huecos con la forma correcta del pretérito.

1 Mi amigo me .... un regalo muy generoso. (*dar*)

2 Mis padres .... que es importante estudiar. (*decir*)

3 Nosotros .... en Perú en agosto. (*estar*)

4 .... muchísimo calor aquel día. (*hacer*)

5 Los chicos .... que volver a casa rápidamente. (*tener*)

6 La chica se .... el abrigo porque hacía frío. (*poner*)

2.5 Going on holiday

1 Faltan los espacios. Separa las palabras y escríbelas de forma correcta.

  1 Iraunparquetemáticoesmuydivertido.

  ....

  2 Quierodisfrutardeunclimaagradableparasalirenbici.

  ....

  3 Prefieropasarmisvacacioneslejosdelaplaya.

  ....

  4 Lasmontañassonmaravillosasymeencantasalirdeexcursión.

  ....

  5 Lasreservasmarinasdelsursonidealesparabucear.

  ....

  6 Esunplaceriralacapitalparaverlosmuseosylasgaleríasdearte.

  ....

2 Empareja las expresiones (números) con los adjetivos (letras). El primero es un ejemplo.

1 deportes extremos	F		**A**	fría
2 playas solitarias	....		**B**	histórica
3 unos días sin hacer nada	....		**C**	aburridos
4 escalada en invierno	....		**D**	vacías
5 un paseo en el bosque	....		**E**	peligroso
6 nadar con tiburones	....		**F**	*emocionantes*
7 desiertos a pleno sol	....		**G**	calurosos
8 una capital antigua	....		**H**	tranquilo

3 Descubre las palabras secretas. Las letras que se usan corresponden a una serie de números. Utiliza la clave para descifrar las palabras; también tienes que rellenar algunos espacios y poner los acentos ortográficos que faltan.

A	B	C	D	E	G	H	I	J	L	M	N	O	P	R	S	T	U	V	X
1	2	3	4	5	7	8	9	10	12	13	14	15	16	18	19	20	21	22	23

1 12, 1   1, 7, 5, 14, __, 9, 1   4, 5   __, 9, 1, 10, 5, 19

....

2 12, 15, 19   4, 5, __, 15, 18, 20, 5, 19   5, __, 20, 18, 5, 13, 15, 19

....

3 20, 21, 18, 9, 19, __, 15   18, __, 18, 1, 12

....

4 9, 18   4, 5   5, 23, __, 21, 18, 19, 9, 15, 14

....

5 4, 5, 19, 3, 21, __, 18, 9, 18   19, 9, 20, __, 15, 19   14, 21, 5, 22, 15, 19

....

6 21, 14, 1   7, 18, 1, 14   1, __, 5, 14, 20, 21, 18, 1

....

The **future tense** expresses future plans and intentions. For regular verbs, just add the following endings to the infinitive, for example *trabajaré* = I will work; *comerán* = they will eat; *vivirá* = she will live.

*(yo) viajar***é**	*(nosotros/as) comer***emos**
*(tú) ser***ás**	*(vosotros/as) llegar***éis**
*(él / ella) hablar***á**	*(ellos / ellas) ir***án**

4 Para cada frase elige la forma correcta del futuro.

1 Mañana yo **iré | irá** en tren al aeropuerto.

2 ¿Vosotros **viajaremos | viajaréis** en avión también?

3 **Dormirás | Dormirá** mejor si te acuestas pronto.

4 Ese curry **será | seré** demasiado picante para mí.

5 Cambia los siguientes verbos del presente al futuro.

    1 trabajo ....

    2 comen ....

    3 vivís ....

    4 piensas ....

    5 volamos ....

    6 pasea ....

Para is most commonly used to mean 'in order to' with destination or purpose:

Para pagar, voy a usar mi tarjeta.
To pay, I am going to use my credit card.

Para ir a la ciudad, es mejor viajar en tren.
To go to the city, it is better to travel by train.

Estas patatas son para mí.
These potatoes are for me.

Para no tener frío, usa guantes.
In order to not to feel cold, use gloves.

Por is used to mean 'in exchange for', 'through' and 'on behalf of':

Lo compré por Internet.
I bought it on the internet.

Salió por la puerta principal.
She went out through the main door.

Contesté por él.
I answered it for him.

---

6 Decide si hay que poner "para" o "por" en los huecos. Hay una oración que puede usar "para" o "por", dependiendo de lo que quieres decir.

    1 Te llamo .... teléfono más tarde.

    2 .... aprender el español, usa este libro.

    3 Lo compré .... solo veinte dólares.

    4 Los caramelos son .... mi hermano menor.

    5 Si quieres ir al centro, pasa .... esta calle a la derecha.

    6 Lo escribí .... ti.

7 Subraya la palabra o expresión que no encaja.

1 ir de excursión   viajar   probar un crucero   las playas

2 la equitación   la natación   el extranjero   bucear

3 increíble   horrible   maravilloso   estupendo

4 una aventura   un mes   quince días   fin de semana

5 oferta   precio   caro   ropa apropiada

6 montañas   actividades   costa   zonas rurales

8 Rellena los huecos para resolver las oraciones, escogiendo dos de las tres palabras a continuación.

1 Cuando voy de .... lo .... es ir con los amigos.

mejor   *aventura*   *vacaciones*

2 Hace un año .... varios .... que me encantaron.

actividades   *deportes*   *probamos*

3 La idea es ir a .... ya que es ....

diferente   *bucear*   *ropa de invierno*

4 Quiero practicar la .... porque es .... y nuevo para mí.

descubrir   *vela*   *emocionante*

5 Tengo .... de ir al .... este año porque la idea es muy atractiva.

planeando   *extranjero*   *ganas*

6 Empezamos las vacaciones hoy mismo y ya tengo ganas de .... a la ....

experiencia   *playa*   *llegar*

2.6 Family and friends abroad

There are three forms of **demonstrative adjectives** in Spanish. Each adjective must agree with the noun it describes, both in number and gender, for example *este chico, esta chica, estos chicos, estas chicas.*

Masculine singular	Feminine singular	Masculine plural	Feminine plural
este	*esta*	*estos*	*estas*
ese	*esa*	*esos*	*esas*
aquel	*aquella*	*aquellos*	*aquellas*

1 Elige la forma apropiada del adjetivo para completar las frases.

   1 **Esas | Aquellos** motos son más rápidas que estos coches.

   2 A mi hermana le gusta más **esos | aquel** móvil.

   3 **Ese | Aquella** gato es más bonito que el de Roberto.

   4 Creo que **esta | aquel** asignatura es más interesante que la historia.

   5 En el mercado compré **esa | aquellas** manzanas rojas.

   6 Voy a **esas | aquel** gimnasio al lado del ayuntamiento.

2 Rellena los huecos con el adjetivo demostrativo apropiado para completar las siguientes frases. El primero es un ejemplo.

   1 Este libro es muy interesante. (*this*)

   2 .... chicos son españoles. (*these*)

   3 .... falda es muy cara. (*this*)

   4 A Esther no le gustan .... coches. (*those*)

   5 Quiero vivir en .... ciudad. (*this*)

   6 .... chica es la amiga de Gaspar. (*that*)

   7 .... tareas son difíciles. (*these*)

3 Resuelve los anagramas.

   1 texanorjer .... (*abroad*)

   2 renaciste .... (*to need*)

   3 entramare .... (*rarely*)

   4 enliga .... (*great*)

   5 cómodino .... (*uncomfortable*)

   6 camioneras .... (*Americans*)

> **Adjectives of nationality** that end in a consonant usually have a feminine form ending in -*a*.
> Those ending in -*és* or -*án* lose the accent in the other three forms.

Masculine singular	Feminine singular	Masculine plural	Feminine plural
inglés	*inglesa*	*ingleses*	*inglesas*
español	*española*	*españoles*	*españolas*
francés	*francesa*	*franceses*	*francesas*
alemán	*alemana*	*alemanes*	*alemanas*

4 Empareja los países (números) con los adjetivos de nacionalidad (letras). El primero es un ejemplo.

1	España	H	**A**	chino
2	Inglaterra	....	**B**	canadiense
3	Estados Unidos	....	**C**	australiano
4	Francia	....	**D**	austriaco
5	China	....	**E**	inglesas
6	Canadá	....	**F**	estadounidense
7	Australia	....	**G**	francés
8	Austria	....	**H**	*españoles*

5 Empareja las palabras en español (números) con su versión en inglés (letras). ¡Atención! No necesitas todas las palabras en inglés. El primero es un ejemplo.

1	alojamiento	I	**A**	*worried*
2	papeles	....	**B**	*to leave*
3	el apellido	....	**C**	*to make contact*
4	dirección	....	**D**	*documents*
5	marcharse	....	**E**	*to try*
6	preocupado	....	**F**	*the past*
7	intentar	....	**G**	*shame*
8	lástima	....	**H**	*address*
			I	*accommodation*
			J	*last name*

6 Rellena los huecos para resolver las oraciones, escogiendo tres de las cuatro palabras a continuación.

1 Necesito .... sobre los .... directos de su .... a los Estados Unidos.

vuelos   *compañía*   *información*   *viajes*

2 Si me da su .... y me confirma la ...., mi .... le contactará.

dinero   *jefe*   *apellido*   *dirección*

3 ¡Qué ....! No tengo mi .... aquí y viajar con otro

.... es imposible.

lástima   *documento*   *vuelo*   *pasaporte*

4 Este .... vamos a pasar una .... en vuestra .... : tengo ganas de veros.

ilusión   *fin de semana*   *casa*   *noche*

5 Este .... voy a visitar a mi .... que tiene un ....
en Alemania.

amiga   *verano*   *noche*   *apartamento*

6 La última .... que visité, fuimos al .... principal y comimos en un

.... elegante.

restaurante   *teatro*   *piscina*   *vez*

Some irregular verbs do not use the infinitive as the stem of the **future tense**. The rest of the verb follows this pattern:

yo diré
tú dirás
él / ella / usted dirá
nosotros/as diremos
vosotros/as diréis
ellos / ellas / ustedes dirán

Remember that, with all verbs, the use of *usted* and its plural form *ustedes* is for formal communication. The verb endings are the same as for *él* and *ella* – the third person. Use *tú* and *vosotros* when you are speaking or writing informally; these forms use the second-person singular and plural.

- decir   diré
- hacer   haré
- poner   pondré
- poder   podré
- tener   tendré
- venir   vendré
- salir   saldré
- saber   sabré
- querer   querré

7 Escoge la forma apropiada del futuro.

1 Mañana nosotros no **tendremos | tendrán** deberes porque es fiesta.

2 ¿Usted **vendré | vendrá** a vernos mañana?

3 **Haremos | Hará** nuestras tareas por la tarde.

4 Yo **saldré | saldrá** de casa a las dos.

5 ¿Te **pondremos | pondrás** la ropa adecuada para escalar?

6 ¿Ustedes **sabré | sabrán** llegar a nuestra casa?

8 Crucigrama.

Verticales

1 Documentos

2 No hay que pagar nada

4 Traje para el mar o la piscina

5 En una casa, superficie de cristal, para ver el exterior

Horizontales

3 Futuro, tercera persona, verbo "aparcar"

5 Documento para entrar en otro país; similar a "pasaporte"

6 Adjetivo, plural, masculino; evita gastos energéticos

7 Clase de manualidades para grupos; también, donde se repara un coche

8 Verbo "bailar", primera persona, presente

3.1 Home town and geographical surroundings

1 Estas palabras están desordenadas: tres están escritas al revés y tres tienen todas las letras confundidas. Resuélvelas.

   1 otneimatnuya .... (*town hall*)

   2 tolshaip .... (*hospital*)

   3 ovitropedilop .... (*sports centre*)

   4 daunviresdi .... (*university*)

   5 sesubotua ed nóicatse .... (*bus station*)

   6 dermaoc .... (*market*)

> **Prepositions** link a noun or pronoun to the rest of the sentence. They include:
> - *enfrente de*   opposite
> - *sin*   without
> - *según*   according to
> - *desde*   from, since
> - *ante*   before, in the presence of

2 Elige la preposición apropiada en las oraciones siguientes.

   1 El banco está **desde | enfrente de** mi casa.

   2 Estamos esperando **ante | desde** las seis.

   3 **Ante | Sin** la posibilidad de no llegar a tiempo, tomaré un taxi.

   4 Es un jugador excepcional, **ante | según** me dice la gente.

   5 Lo va a hacer **desde | sin** pensar en las consecuencias.

3 Caminito. Empezando por la letra que está arriba del todo a la izquierda, sigue el caminito de las letras que forman palabras asociadas con el tema. ¡Atención! Es posible seguir el caminito en todas las direcciones menos en diagonal. Si quieres, usa un color diferente para las palabras que encuentres – hay ocho en total. La primera palabra ya la tienes marcada.

A	N	T	I	E	N	T	R	E	R	Í	T	E	R	O
Y	U	A	M	E	T	O	B	E	M	A	O	A	T	S
H	L	A	R	D	A	C	I	R	D	O	E	S	Í	R
O	S	P	I	T	A	L	L	C	A	S	M	U	O	S

The **perfect tenses** (present perfect and others) all work in the same way. They use a part of the verb *haber* (to have) plus the past participle. The **present perfect** uses the present tense of *haber* and works as follows:

he	
has	
ha	+ past participle
hemos	
habéis	
han	

The past participle for regular verbs is formed as follows:

- infinitives ending in *-ar*: *-ado*
- infinitives ending in *-er* and *-ir*: *-ido*

For example: *he trabajado* = I have worked; *ha comido* = he has eaten

The **perfect tense** is used to connect past time with present time. It describes actions that have begun in the past but that affect the present. It also expresses the very recent past.

4 Cambia el infinitivo a la forma correcta del participio del pasado.

1 hablar ....

2 comer ....

3 trabajar ....

4 vivir ....

5 salir ....

6 participar ....

7 saber ....

8 tomar ....

5 Rellena los huecos con la forma correcta de *haber* para formar un pretérito perfecto.

1 Yo .... hablado con María esta mañana.

2 Tú no .... comido pescado. ¿No te gusta?

3 Mario .... trabajado mucho hoy.

4 Mi hermana y yo .... vivido aquí durante muchos años.

5 Es muy tarde y vosotros todavía no .... salido de casa.

6 Esta tarde muchos estudiantes .... participado en clase.

6 Para cada uno de estos verbos, inventa una frase propia usando el pretérito perfecto. Intenta usar varias personas del verbo *haber*.

Ejemplo: pensar – *Lo he pensado mucho, y he decidido comprar una bici.*

1 empezar ....

2 dar ....

3 tener ....

4 ganar ....

5 llegar ....

6 terminar ....

7 Descubre las palabras secretas. Observa que las letras que se usan corresponden a una serie de números. Utiliza la clave para descifrar las palabras; atención porque además tienes que rellenar algunos espacios y tendrás que añadir los acentos ortográficos que faltan.

A	B	C	D	E	G	H	I	J	L	M	N	O	P	R	S	T	U	V	Y
1	2	3	4	5	7	8	9	10	12	13	14	15	16	18	19	20	21	22	23

1 12, 1   3, 1, __, 5, 4, 18, 1, 12   5, 19, 20, 1   __, 5, 18, 3, 1.

....

2 5, 12   __, 9, 14, 5   5, 19, 20, 1   1, 12   __, 1, 4, 15   4, 5   13, 9   3, 1, 19, 1.

....

3 4, 5, __, 18, 1, 19   4, 5, 12   __, 21, 19, 5, 15   5, 19, 20, 1   12, 1   3, 15, 13, 9, 19, 1, 18, 9, 1.

....

4 22, 9, 22, 15   5, 14, __, 18, 5   5, 12   19, 21, 16, 5, 18, 13, 5, 18, 3, 1, 4, 15   23   12, 1
9, __, 12, 5, 19, 9, 1.

....

5 12, 1   21, __, 9, 22, 5, 18, 19, 9, 4, 1, 4   5, 19, 20, 1   10, 21, __, 20, 15   1, 12   18, 9, 15.

....

6 5, 12   3, 15, __, 5, 7, 9, 15   23   5, 12   9, __, 19, 20, 9, 20, 21, 20, 15   5, 19, 20, 1, 14
12, 5, 10, 15, 19.

....

To express 'the most' in Spanish, place the definite article before the noun and the comparative adjective after the noun, for example *el coche más caro*; *la chica más joven.*

To use the absolute **superlative** (the idea of a quality possessed to an extreme degree), add *-ísimo/a* to the adjective, for example *una montaña altísima*; *un piso comodísimo.*

Spelling changes are required with some *-ísimo* endings, for example *rico – riquísimo*; *largo – larguísimo*; *feliz – felicísimo.*

8 Escribe las siguientes frases de nuevo, usando la forma más adecuada del superlativo absoluto. El primero es un ejemplo.

1 Esta es una casa muy grande. *Esta es una casa grandísima.*

2 Esta paella es muy rica.

....

3 Esta historia es muy larga.

....

4 Ramón es un chico muy joven.

....

5 Este sofá es muy cómodo.

....

6 Esta receta es muy complicada.

....

7 ¿Has probado estas patatas? Son muy buenas.

....

3.2 Shopping

1 Faltan los espacios. Separa las palabras y escríbelas de forma correcta.

1 elregaloperfectosonunospendientesdeoro

....

2 paramihermanouncinturóndepiel

....

3 unasgafasdesolnuevasporfavor

....

4 unálbumdefotosesideal

....

5 parasucumpleuncollarmuylargo

....

2 Empareja cada comercio (números) con dos artículos de la lista (letras).

1 juguetería	....	....	**A** zapatillas		**F** collares
2 zapatería	....	....	**B** excavadora		**G** cuadernos
3 joyería	....	....	**C** aspirinas		**H** muñecas
4 farmacia	....	....	**D** gomas		**I** anillos
5 papelería	....	....	**E** botas		**J** tiritas

3 Empareja las palabras (números) con las cifras (letras). El primero es un ejemplo.

1 cuatrocientos cincuenta y dos dólares	*C*	**A** 3.800
2 dos millones de personas	....	**B** 2026
3 ciento setenta y nueve dólares	....	**C** 452
4 mil quinientos dólares	....	**D** 638
5 tres mil ochocientos dólares	....	**E** 1723
6 seiscientos treinta y ocho	....	**F** 1500
7 mil setecientos veintitrés	....	**G** 2.000.000
8 dos mil veintiséis	....	**H** 179

> **Demonstrative pronouns** have the same form as demonstrative adjectives (you have used the table for these in the previous unit). They are the equivalent of 'this one' and 'that one'. There is a neuter form that refers to an indeterminate idea and not necessarily a specific object:
> - *esto*   this
> - *eso*   that
> - *aquello*   that (further away in time or distance)

4 Elige la forma apropiada del pronombre demostrativo para completar las frases.

1 Me gusta este pastel y también me encanta **ese** | **esa**.

2 En esta aula, no hay sitio para toda la clase, pero en **aquel** | **aquella** sí.

3 **Esto** | **Esas** no está bien.

4 **Eso** | **Esa** es mía.

5 Esos sombreros son feos. Prefiero **estos** | **estas**, son bonitos.

6 Aquella señora es mi tía y **ese** | **esa** es mi madre.

> The **indirect object pronouns** are:
>
> | Singular | | Plural | |
> |---|---|---|---|
> | *me* | to me | *nos* | to us |
> | *te* | to you | *os** | to you |
> | *le* | to him, her, it, you (formal) | *les* | to them, you (formal) |
>
> *os is used only in Spain.
>
> Indirect object pronouns are placed before the verb except when using an infinitive, an imperative or a gerund, when they are generally added to the end of the verb. Remember to add an accent to keep the stress in the same place, if necessary, for example *Cómprame un helado, por favor.*

5 Rellena los huecos con los pronombres de objeto indirecto apropiados.

1 ¡Pepe! Da......... tu libro. (*a mí*)

2 Si .... das este regalo, estará muy contenta. (*a ella*)

3 ¿ .... puedo hacer una pregunta, Aisha? (*a ti*)

4 Pedro, déja......... tu boli, por favor. (*a él*)

5 Para su cumple, ... vamos a invitar al cine. (*a ellos*)

6 Mi prima siempre .... pregunta cómo están nuestros padres. (*a nosotros*)

Some of the pronouns and adjectives used for questions are also used for **exclamations** and **interjections**.

- ¡Qué …!   What a …! / How …!
- ¡Cuánto/a/os/as!   How much / many …!
- ¡Cuidado!   Watch out! / Careful with …!
- ¡Vaya …!   What a …!

6 Empareja las interjecciones con la emoción correspondiente: S = sorpresa, E = entusiasmo, F = fastidio, L = lamento, A = advertencia. El primero es un ejemplo.

1 ¡Qué pena!   L

2 ¡Cuántos pares de zapatos tienes!   ....

3 ¡No te esperaba hoy! ¡Qué suerte!   ....

4 ¡Cuánto calor hoy! ¡No puedo más!   ....

5 ¡Qué bien! Hemos ganado el partido.   ....

6 ¡Cuidado con el tráfico aquí!   ....

7 ¡Vaya día hemos tenido! Todo ha salido mal. ....

7 Rellena los huecos para resolver las oraciones, escogiendo tres de las cuatro palabras a continuación.

1 He visto un .... y unos .... de .... muy bonitos que me encantan.

  pendientes   *plata*   *cartera*   *anillo*

2 Aquí hay una .... de .... o si no unos .... muy elegantes.

  cuero   *cinturones*   *cartera*   *maletas*

3 Podemos sacar .... de los posibles .... antes del .... de su cumpleaños.

  recibo   *día*   *regalos*   *fotos*

3.3 Natural environment

> **Conjunctions** are words that link words, phrases and sentences. Some common, and very useful, conjunctions are:
> - *aunque*   although
> - *si*   if
> - *porque*   because
> - *mientras*   while
> - *así que*   so
> - *cuando*   when
> - *ya que*   since, because

1   Elige la conjunción correcta.

   1   Siempre recargo el coche eléctrico **aunque | cuando** voy al supermercado.

   2   Es mejor usar la bicicleta en la ciudad **si | porque** no contamina.

   3   Riego el jardín con el agua del baño **si | aunque** todo está muy seco.

   4   Debemos conservar los árboles **mientras | ya que** ayudan a reducir el CO_2 del aire.

   5   Hay demasiado tráfico en mi ciudad, **así que | aunque** debemos usar menos el coche.

   6   En mi pueblo es normal recoger basura **porque | mientras** paseamos.

   7   Uso la bici o el autobús **así que | cuando** puedo.

> **Indefinites** are words that refer to persons or things that are not specific. They can be adjectives or pronouns and many can act as either. Useful **indefinite adjectives** and **pronouns** are:
>
> | Adjectives | | Pronouns | |
> |---|---|---|---|
> | *bastante(s)* | enough | *alguien* | someone, anyone |
> | *cada* | each, every | *cada uno* | each one |
> | *demasiado/a/os/as* | too much, many | *todo/a/os/as* | all, everything |
> | *mucho/a/os/as* | much, many | *mucho/a/os/as* | much, many |
> | *varios/as* | several | *varios/as* | several |

2   Rellena los huecos con un adjetivo o pronombre indefinido.

   1   No hacemos .... para luchar contra la contaminación.

   2   Jaime, tiras .... Debes reciclar más.

   3   Si .... menciona la palabra "reciclar", muchos no hacen caso.

   4   Según casi .... los científicos, el cambio climático es un gran problema.

   5   .... uno de nosotros tenemos la responsabilidad de reciclar.

   6   Tenemos .... que aprender sobre la ecología.

> **Relative pronouns** are words that link two parts of a sentence (clauses). These are some of the most useful ones:
> - *(el / la / los / las) que*   who, which, that
> - *el / la cual*   who, which, that
> - *(de) lo / el / la / los / las que*   (about) what, which
> - *quien(es)*   who
> - *cuyo/a/os/as*   whose
> - *con quien(es)*   with whom

3 Rellena los huecos con el pronombre relativo apropiado.

1 El chico .... trabajo no estará aquí mañana.

2 La persona a .... escribo es científico.

3 Las ciudades .... árboles están en peligro deben reaccionar ya.

4 Las medidas .... hemos tomado empiezan a funcionar.

5 El equilibrio .... se habla mucho todavía está lejos.

6 .... no tengo es mi móvil.

4 Faltan los espacios. Separa las palabras y escríbelas de forma correcta.

1 Tomounaduchaenlugardeunbaño.

....

2 Reciclolaslatasdecomidausadas.

....

3 Apagolaslucescuandonolasuso.

....

4 Reciclolasbotellasdevidrio.

....

5 Separolabasuracadasemana.

....

6 Sipuedocomproproductosorgánicos.

....

5 Subraya la palabra o expresión que no encaja.

1 reciclo vidrio   apago luces   separo las pilas   compro de todo

2 ecologista   consumista   activista   manifestante

3 vidrio   latas   dólares   plástico

4 contaminar   conservar   cuidar   proteger

5 dañar   reciclar   malgastar   descuidar

6 medio ambiente   naturaleza   industria   selva tropical

6 Crucigrama.

Horizontales

1 Método de transporte que no contamina

3 Emisión de una fábrica o un vehículo

4 Tipo de coche que usa dos formas de energía

5 Sinónimo de "ambiente"

6 Dióxido de carbono; el símbolo

7 Lo que hay en el Amazonas; bosque tropical

Verticales

2 Una consecuencia de la subida del nivel del mar

5 De una república, un presidente; de una ciudad, un ....

7 Escribe el número de los temas (números) al lado de las palabras (letras). El primero es un ejemplo.

1 Edificios

2 El instituto

3 El medio ambiente

4 Formas del futuro

A la biodiversidad	3	
B haré	....	
C el cambio climático	....	
D el ayuntamiento	....	
E transportará	....	
F ecológico	....	
G el aula	....	
H saldremos	....	
I la catedral	....	
J reciclar	....	

K la asignatura	....
L decidiremos	....
M el recreo	....
N la comisaría	....
O sostenible	....
P la estación	....
Q aprender	....
R la biblioteca	....
S tendrán	....
T el castillo	....

8 Escribe el contrario o antónimo de estos adjetivos.

1 nuevo ....

2 alto ....

3 pequeño ....

4 rápido ....

5 antiguo ....

6 oscuro ....

7 feo ....

8 caro ....

9 rico ....

10 entretenido ....

Cambridge IGCSE™ Spanish Grammar and Vocabulary Workbook

3.4 Weather

1 Rellena los huecos con las expresiones del recuadro.

tormentas	llueve	más frío	lluvia
más lluviosa	más calurosos	otoño	

1 Cuando .... tanto es peligroso viajar.

2 Es la primavera .... de los últimos años.

3 Siempre hay .... aquí.

4 Me gusta el .... : es una estación bonita.

5 El sur es una región muy seca con poca ....

6 Hoy es el día que hace .... La temperatura es muy baja.

7 Julio y agosto son los meses .... del año.

Possessive pronouns replace nouns to avoid repetition. They agree in number and gender with the noun they replace.

Singular	Plural	
(el / la) mío/a	(los / las) míos/as	mine
(el / la) tuyo/a	(los / las) tuyos/as	yours
(el / la) suyo/a	(los / las) suyos/as	his, hers, yours (formal)
(el / la) nuestro/a	(los / las) nuestros/as	ours
(el / la) vuestro/a	(los / las) vuestros/as	yours (pl.)
(el / la) suyo/a	(los / las) suyos/as	theirs, yours (formal)

---

2 Elige el pronombre posesivo apropiado.

1 La ciencia dice que la contaminación es peligrosa y esta opinión es **la mía | mía** también.

2 Durante el incendio forestal se quemaron muchas casas, pero **la nuestra | nuestra** se salvó.

3 A causa del cambio climático hay muchas inundaciones en barrios céntricos y en **nuestro | el nuestro** también.

4 Yo cuido las zonas verdes de mi barrio, y ellos hacen lo mismo en **suyo | el suyo**.

5 El sistema de reciclaje de mi ciudad funciona mejor que **el vuestro | vuestro**.

6 La responsabilidad de cuidar el planeta no es únicamente de los políticos, es también **la nuestra | nuestra**.

3 ¡Socorro! Escribe las vocales que faltan. Una pista: el símbolo * significa que las vocales que faltan son las mismas.

1 suro__st__*

2 sur__st__*

3 d__sp__jado*

4 temper__tur__s* __lt__s*

5 h__ce v__ent__

6 v__int__* gr__d__s

7 ni__bl__ __nt__ns__

8 h__c__ s__l

4 Estas palabras están desordenadas: cuatro están escritas al revés y cuatro tienen todas las letras confundidas. Resuélvelas.

1 etseoron .... (*northwest*)

2 gorzain .... (*hail*)

3 odalbun .... (*cloudy*)

4 odaedsjep .... (*clear*)

5 menrotta .... (*storm*)

6 revoll .... (*to rain*)

7 gorda .... (*degree*)

8 donvena .... (*snowing*)

5 Rellena los huecos para resolver las oraciones, escogiendo dos de las tres palabras a continuación.

1 En el norte del .... los .... son largos y fríos.

primaveras   *inviernos*   *país*

2 En la costa hace más .... que en el .... del país.

interior   *verano*   *viento*

3 Vivir cerca del mar me encanta porque el .... es tan ....

clima   *agradable*   *peligroso*

4 Me encanta cuando el cielo está .... y de un .... intenso.

despejado   *azul*   *blanco*

5 La .... máxima en esta zona es de 30 ....

tormenta   *grados*   *temperatura*

6 Las .... que tenemos son tropicales y pueden ser ....

climáticas   *tormentas*   *peligrosas*

6 Subraya la palabra que no encaja.

1 brisa	lluvia	precipitación	arena
2 débil	precioso	fuerte	moderado
3 altas	bajas	precipitadas	mínimas
4 frío	calor	sol	llueve
5 cubierto	granizo	nublado	despejado
6 truenos	tormenta	calor	relámpagos

Weather expressions use specific verbs. Here are the most useful ones:

Hace ...	Hay ...	Está ...	Verbo
frío	nubes	cubierto	Está lloviendo ....
calor	lluvia	despejado	Llueve ....
viento	niebla	nublado	Graniza ....
sol	truenos y relámpagos		Está nevando ....
buen tiempo	tormenta		Está helando ....
mal tiempo	temperaturas bajas		
fresco	nieve		

7 Completa la tabla. Si hay alguna expresión del tiempo que es nueva para ti, busca el significado y escríbela en el recuadro.

8 Busca los equivalentes de estas expresiones en tu lengua.

1 Está nevando en el norte.

....

2 Hay muchas nubes en el sur.

....

3 Mañana va a hacer más fresco.

....

4 Aquí solía llover poco en agosto.

....

5 Siempre hacía mal tiempo en julio.

....

6 Cuando vivía en el centro solía helar mucho.

....

7 El pronóstico dice que va a haber tormenta esta tarde.

....

> The **imperfect** is a useful tense for describing the weather. Remember that the endings are quite simple and, in any case, you will probably need only the third person (-*aba* for -*ar* verbs and -*ía* for -*er* and -*ir* verbs), for example *Hacía calor pero estaba nublado*.
>
> The verb *soler* is a useful addition: it strengthens the idea of what used to happen, so, for example: *Hace diez años en esta zona solía llover mucho; ahora el clima ha cambiado*. (Ten years ago it used to rain a lot in this area; now the climate has changed.)

9 Subraya todos los ejemplos del imperfecto en las siguientes frases.

1 Diego iba al trabajo en tren.

2 Mis hermanas siempre viajaban en avión.

3 Hacía mucho frío en Cuzco porque está a mucha altitud.

4 Antes visitaba a mis abuelos todos los martes.

5 Nosotros teníamos mucha hambre después del concierto.

6 Marta hacía sus deberes cuando sonó su móvil.

7 Había mucho que hacer en el centro.

10 Caminito. Empezando por la letra que está arriba del todo a la izquierda, sigue el caminito de las letras que forman palabras asociadas con el tema. ¡Atención! Es posible seguir el caminito en todas las direcciones menos en diagonal. Si quieres, usa un color diferente para las palabras que encuentres. Hay ocho en total.

C	O	S	I	E	O	A
A	R	O	S	R	T	M
L	U	L	E	D	A	E
V	U	L	Q	U	I	N
I	A	S	E	A	Z	A
S	I	S		C	L	I
T	E	M			A	M
A	I	A	C	O	N	S
S	C	N	E	U	C	E

3.5 Finding the way

> **Quantifiers** tell us the amount of something or the extent to which something is done, for example *bastante* (enough, quite), *demasiado* (too …).

1 Subraya los cuantificadores en cada una de estas frases.

   1 Este café es bastante bueno.

   2 Este jersey es demasiado grande para mí.

   3 Va a llover mucho más mañana.

   4 Es una ciudad poco conocida.

   5 No hace suficiente calor para salir sin el abrigo.

   6 Voy a hablar mucho con tu amiga; es una chica divertida.

2 Para cada frase elige un cuantificador apropiado del recuadro. Copia la frase entera e inserta un cuantificador en el lugar debido. En algunas frases hay más de una opción. El primero es un ejemplo.

demasiado	bastante	mucho	poco	suficiente

   1 Esta habitación es pequeña.

     Esta habitación es demasiado pequeña.

   2 Estos zapatos son grandes para ti.

     ....

   3 Va a nevar menos mañana.

     ....

   4 Es un hombre conocido, pero muy inteligente.

     ....

   5 No hace frío para poder patinar.

     ....

   6 Voy a comer en ese restaurante; parece bueno.

     ....

Tú and *usted* have different forms when it comes to **imperatives** (in this case, giving directions). More information on their formation can be found in the grammar section of the Student's Book. The most useful forms are:

English	*Tú*	*Usted*	Infinitive
carry on	*sigue*	*siga*	*seguir*
take	*toma*	*tome*	*tomar*
pass	*pasa*	*pase*	*pasar*
turn	*tuerce*	*tuerza*	*torcer*
turn	*gira*	*gire*	*girar*
continue	*continúa*	*continúe*	*continuar*
cross	*cruza*	*cruce*	*cruzar*

3 ¡Socorro! Escribe las vocales que faltan. Una pista: el símbolo * significa que las vocales que faltan son las mismas.

1 __nfr__nt__*

2 d__r__cha*

3 __zqu__erda*

4 t__ __rz__

5 aqu__ m__smo__*

6 t__d__* r__ct__

7 f__n__lm__nt__

8 s__g__ por __qu__

4 Con estas frases, decide primero quién habla (¿tú o usted?). Después, en otra hoja, dibuja las direcciones de la forma más sencilla.

1 Para ir al centro comercial, gira a la derecha y continúa hasta las afueras del barrio.

2 La playa está cerca: siga todo recto y está a cinco minutos andando.

3 ¿El instituto? Pasa por esta calle, tuerce a la izquierda – está enfrente del parque.

4 Para ir a la estación en patinete eléctrico, cruza aquí y sigue todo recto.

5 Subraya la palabra que no encaja.

1 siga	tome	pase	derecha
2 recto	al lado	enfrente	cerca
3 pasa	tuerza	sigue	toma
4 el estadio	el instituto	la primera	el cine
5 primero	detrás	después	finalmente
6 la calle	la avenida	la carretera	la estación

6 Faltan los espacios. Separa las palabras y escríbelas de forma correcta.

1 Lacomisaríaestáenfrente.

....

2 Elestadioseencuentraalfinaldelacalle.

....

3 Parairalcinehayqueirtodorecto.

....

4 Cercadeaquíhaydosparques.

....

5 Tomelaprimeraalaizquierda.

....

6 Paselaestaciónytuerzaalaizquierda.

....

7 Estas palabras están desordenadas: tres están escritas al revés y tres tienen todas las letras confundidas. Resuélvelas.

1 razurc .... (*to cross*)

2 ieugs .... (*follow*)

3 atom .... (*take*)

4 odneimocer .... (*I recommend*)

5 eoiiifdc .... (*building*)

6 oczonoc .... (*I know*)

Cambridge IGCSE™ Spanish Grammar and Vocabulary Workbook

8 Sopa de letras. Busca las diez palabras de la lista. Después, usa las palabras en una descripción de un viaje en el pasado o el futuro. Por ejemplo: "Primero consulté el mapa y después…"

afueras	caminar	esquina	lugar	metro
avenida	continuar	lejos	mapa	rotonda

Y	M	V	U	B	G	R	A	C	E	L	T	B	A	G
P	B	Z	K	R	S	V	A	P	U	Z	N	K	N	F
M	A	P	A	I	E	W	M	N	W	E	E	H	I	N
H	W	B	V	N	R	B	C	E	I	I	E	Q	U	J
Z	B	O	I	T	J	I	W	W	E	M	A	Q	Q	X
V	C	D	S	M	I	G	L	G	D	F	A	R	S	O
P	A	U	E	Y	D	E	V	I	U	W	E	C	E	O
V	P	T	M	M	J	Z	S	E	O	A	F	M	C	G
I	R	D	O	O	U	C	R	T	C	H	M	C	R	Y
O	U	X	S	L	G	A	D	H	L	G	I	J	L	T
U	K	B	V	Y	S	R	O	T	O	N	D	A	X	E
X	N	Z	R	O	O	F	D	Y	H	N	C	N	J	J
N	O	M	G	G	P	D	J	Z	L	O	O	N	Y	Z
C	O	N	T	I	N	U	A	R	L	U	G	A	R	N
Y	U	H	J	L	N	Q	C	D	W	N	V	E	L	A

9 Decide si estas oraciones son verdaderas (V) o falsas (F).

1 Un paso de cebra es solo para animales. ......

2 En un parque infantil no pueden entrar las personas mayores. ......

3 Los semáforos controlan a los peatones y el tráfico. ......

4 Para acceder a un paso subterráneo hay que bajar. ......

5 Ir a pie es lo mismo que ir andando. ......

6 Una rotonda es igual que un giratorio. ......

10 Empareja las palabras en español (números) con su versión en inglés (letras). ¡Atención! No necesitas todas las palabras en inglés. El primero es un ejemplo.

1	sitio de interés D		**A**	*safe*
2	tardar	......	**B**	*lake*
3	comisaría	......	**C**	*pedestrian*
4	lago	......	**D**	*place of interest*
5	seguro		**E**	*crossroads*
6	girar		**F**	*police station*
7	esperar		**G**	*to take time*
8	partir		**H**	*to turn*
			I	*to leave*
			J	*to wait*

11 Rellena los huecos con la palabra apropiada del recuadro. ¡Atención! No necesitas todas las palabras.

esquina	semáforos	derecha	plaza	ciudad	pueblo
final	dirección	ruta	centro	punto de partida	salida

El .... para esta .... es la .... en el .... del

.... Toma la primera .... que pone .... sur y gira a la ....

en la .... Después es muy fácil, solo hay que pasar los .... y seguir todo recto.

3.6 My body and my health

1 Faltan los espacios. Separa las palabras y escríbelas de forma correcta.

1 Tengodolordemuelas.

....

2 Nomesientobienymedueletodo.

....

3 Lasoluciónesunavisitaalmédico.

....

4 Elojoderechoestáhinchado.

....

5 Eldolordegargantaesunsíntomafrecuente.

....

6 Eljarabeayudaaaliviarlatos.

....

7 Melesionéytengolapiernadolorida.

....

8 Medueleconmuchafrecuencia.

....

2 Resuelve los anagramas.

1 góteamos .... (*stomach*)

2 peladas .... (*back*)

3 samuel .... (*teeth*)

4 manítos .... (*symptom*)

5 colusión .... (*solution*)

6 colisiónan .... (*sunstroke*)

7 bajare .... (*syrup*)

8 lodor .... (*pain*)

3 Rellena los huecos para resolver las oraciones, escogiendo dos de las cuatro palabras a continuación.

1 Me .... la garganta y no estoy ....

   enfermo   *bien*   *gusta*   *duele*

2 Tengo un dolor .... en la pierna ....

   derecha   *intenso*   *posible*   *larga*

3 La espalda es un .... para mí y no estoy ....

   cómoda   *derecha*   *solución*   *problema*

4 Actualmente mi .... de salud es un poco ....

   estado   *fuerte*   *dolor*   *delicado*

4 ¡Estas frases no tienen sentido! Cambia el orden de las palabras para resolverlas. La primera palabra ya la tienes.

1 ojos me mucho los duelen

   Los ....

2 dolor de tengo muelas un intenso

   Tengo ....

3 demasiado ahora y me estómago comí el duele

   Comí ....

4 no tengo es que tos la con problema el nuevo

   El ....

5 siento cuando nunca viajo me bien

   Nunca ....

6 estado dice bueno médico salud mi de es me que el

   El ....

Impersonal verbs are verbs where the subject of the sentence cannot be identified. In English they usually begin with 'it', for example 'It is getting dark'.

Here is a list of impersonal verbs that you may meet:

- *amanecer*
- *anochecer*
- *hacer buen / mal tiempo*
- *hacer sol*
- *hacer calor*
- *llover*
- *nevar*

Se can also be used impersonally: *se dice, se sabe, se puede*.

The most common impersonal verb is *haber* and its variants in different tenses such as *hay / hubo / había / habrá*.

Photocopying prohibited   *Cambridge IGCSE™ Spanish Grammar and Vocabulary Workbook*

5 Selecciona la terminación apropiada (letras) para la primera parte de la frase (números). El primero es un ejemplo.

1	Llueve mucho aquí.	B	**A**	Voy a ponerme un jersey.
2	Anochece temprano en invierno.		**B**	*Tengo que comprar un paraguas.*
3	Va a hacer mucho sol esta tarde.		**C**	Es verdad, siempre hace viento o hay niebla.
4	Hace frío en esta habitación.		**D**	Tengo que ponerme crema protectora.
5	Nevó mucho durante la noche.		**E**	Mira el sol que va saliendo en el horizonte.
6	Amanece a las seis.		**F**	En la radio hablan de 30 grados.
7	Hace mal tiempo hoy.		**G**	Tengo que encender las luces a las cuatro.
8	Hará calor mañana.		**H**	Es mejor no salir con el coche hoy.

6 Cambia la forma de cada frase para hacer una frase nueva usando un verbo impersonal con *se* (*se dice / se sabe / se puede*). El primero es un ejemplo.

1 Creo que es un gran problema.

Se dice que es un gran problema.

2 Nadie sabe qué pasará.

3 Es posible ir en tren.

4 Pienso que van a ganar la elección.

5 Sabemos que esa tienda no abre los domingos.

6 No es posible entrar.

7 Es imposible imaginar eso.

8 Hablan de que hay problemas en la autopista.

7 Rellena los huecos con *hay*, *hubo*, *había* o *habrá* según el sentido de la frase entera.

1 Hoy .... mucho tráfico en las calles.

2 Ayer .... un accidente entre dos coches.

3 El lunes pasado .... varias horas de retrasos.

4 Mañana .... muchos problemas a causa de la lluvia.

5 .... más personas en las tiendas ayer.

6 .... una tormenta que duró dos horas.

7 .... muchos autobuses ese día, pero todos iban llenos.

8 .... comida muy buena para tu próximo cumpleaños.

8 Elige la forma apropiada del adjetivo posesivo.

1 **Nuestro | Nuestra** colegio está al lado de la plaza mayor.

2 Los abuelos disfrutan mucho de **su | sus** jardín.

3 Paco, ¿dónde está **tu | tus** libro de matemáticas?

4 **Mi | Mis** hermano mayor estudia en la universidad.

5 Antonio y Alba, ¿a qué hora llegan **vuestros | vuestras** amigos?

6 José ya no vive con **su | sus** hija.

7 No me gusta compartir el dormitorio con **mi | mis** hermanas.

8 **Nuestros | Nuestras** compañeros de clase son muy simpáticos.

9 ¡Socorro! Escribe las letras que faltan para completar las frases.

1 S__ n__ desapa__ec__ la dia__ __ea, c__nsult__ a t__ mé__ico.

2 El __utb__lista tie__e __a pie__na rot__ .

3 El pi__or en la e__p__lda o__urre a caus__ d__ una __nsolaci__n.

4 El reme__io p__ra l__ __ripe e__ __uedar__e en la __ama.

5 Tene__ __ales__ar gene__al y __atiga es __uy in__ómo__o.

6 __i tie__es __olor __e mue__as __o du__es en __r al __ent__sta.

7 De__es __omar __stas pas__il__as cu__tro __eces al __ía.

8 Par__ ali__iar el __olo__ l__s rem__di__s case__os n__ s__n mu__ efi__aces.

10 Decide si estas oraciones son verdaderas (V) o falsas (F).

1 La insolación es un virus. ......

2 El dolor intenso puede producir vómitos. ......

3 Tener diarrea es muy molesto pero relativamente fácil de tratar. ......

4 Si te duelen los ojos es mejor tomar una bebida caliente. ......

5 Los síntomas de un constipado pueden ser variados. ......

6 Si persiste el dolor en cualquier parte del cuerpo es mejor consultar al médico. ......

7 El agua fría ayuda a bajar la temperatura. ......

8 Si tienes un constipado, evita el contacto con el médico. ......

4.1 Spanish schools

The **interrogative pronouns** are:

- *¿qué?* what?
- *¿cuál? / ¿cuáles?* which?/what?
- *¿quién(es)?* who?
- *¿de quién(es)?* whose?
- *¿cómo?* how?/what?

- *¿(a)dónde?* where?
- *¿por qué?* why?
- *¿cuándo?* when?
- *¿cuánto?* how much?

Interrogative pronouns always have a written accent.

Questions in Spanish are always preceded by an inverted question mark (¿).

1 Rellena los huecos con la forma apropiada de un pronombre interrogativo para completar las siguientes frases.

1 ¿ .... cuesta esta bicicleta? (*how much*)

2 ¿ .... de tus asignaturas te gustan? (*which, pl.*)

3 ¿Por .... se va al centro? (*where*)

4 ¿ .... estás comiendo, Pedro? (*what*)

5 ¿ .... venís, Mamá y Papá, en coche? (*how*)

6 ¡ .... tiempo sin verte! (*how much*)

2 Selecciona la terminación apropiada (letras) para la primera parte de la frase (números). El primero es un ejemplo.

1 ¿Cómo vas ...   D

2 ¿Por qué no ...   .

3 ¿Quién está ...   .

4 ¿De dónde ...   .

5 ¿Qué piensas de ...   .

6 ¿Cuál de estos dos ...   .

7 ¿Cuánto pagas ...   .

8 ¿Cuándo vienen ...   .

A libros prefieres?

B son los nuevos compañeros de clase?

C a vernos los amigos ingleses?

D *a ir a casa?*

E llamando a la puerta?

F por el móvil al mes?

G te gusta la lluvia?

H la idea de reciclar?

3 Resuelve los anagramas.

1 santiguara .... (*school subject*)

2 testudinea .... (*student*)

3 mesitas .... (*system*)

4 patea .... (*stage*)

5 copiones .... (*options*)

6 desnucaria .... (*secondary*)

4 ¡Socorro! Escribe las vocales que faltan. Una pista: el símbolo * significa que las letras que faltan son las mismas.

1 __bligat__r__*

2 ed__c__ci__n

3 un__v__rs__dad

4 __l sist__ma __ducativo*

5 l__ngua __xtranj__ra*

6 estr__ct__ra*

7 d__r__ct__r

8 c__rrer__*

5 Rellena los huecos para resolver las oraciones, escogiendo dos de las tres palabras a continuación.

1 Quiero .... en qué consiste el .... español.

sistema   *entiendo*   *saber*

2 La educación .... en España .... ocho años.

primaria   *estudia*   *dura*

3 Esta .... es obligatoria y ....

primaria   *gratuita*   *etapa*

4 En mi .... llevar .... es anticuado.

uniforme   *clases*   *opinión*

5 Creo que es .... seguir ....

estudiando   *importante*   *secundario*

6 Al terminar la .... secundaria, la idea es empezar en la ....

clase   *universidad*   *escuela*

Cambridge IGCSE™ Spanish Grammar and Vocabulary Workbook

6 Estas palabras están desordenadas: cuatro están escritas al revés y cuatro tienen todas las letras confundidas. Resuélvelas.

1 serebed .... (*homework*)

2 apiramir .... (*primary*)

3 añosprecom .... (*classmates*)

4 sedadilaunam .... (*crafts*)

5 casarredo .... (*to remember*)

6 oditrevid .... (*funny*)

7 seglar .... (*rules*)

8 sodreucer .... (*memories*)

7 Rellena los huecos con la palabra apropiada del recuadro. ¡Atención! No necesitas todas las palabras.

madre	escuela	día	profesora	estómago	colegio
niñas	comida	mesa	casa	comedor	dolor

En el .... recuerdo que me encantaba la .... del .... Mi plato

favorito era lentejas y mi .... pocas veces las hacía. Un .... me comí todas

las lentejas de las otras .... Me puse muy enferma y me llevaron a .... con

un .... de .... horrible. Obviamente sobreviví, pero ya no quería comerlas más.

8 Consulta el ejercicio anterior y haz una lista de las formas del verbo:

A en el pretérito   **B** en el imperfecto

9 Detective lingüístico. Resuelve las pistas.

1 Etapa educativa posterior a la primaria: ....

2 Clase en que, por ejemplo, se puede fabricar artículos de cartón, o coser: ....

3 Sinónimo de tener memoria de algo; verbo reflexivo: ....

4 Relato breve de algún incidente curioso: ....

5 Amigos de clase o del colegio: ....

6 En matemáticas el símbolo (×) significa: ....

7 Trabajo de la clase de manualidades, de papel, apto para enviar antes del 25 de diciembre:

....

8 Difícil de hacer años más tarde, al volver a encontrarse a unos compañeros de primaria:

....

> *Hace* and *desde hace* are two linked concepts that are useful when talking about past events. *Hace* translates as 'ago' and the tense used in the past is normally the preterite.
>
> *Hace … que* involves an action that continues to this moment (in the example below, studying and continuing to do so). This construction is the same as *desde hace* but note the position of the verb and that, because the action is ongoing, Spanish uses the present tense (whereas in English the perfect tense is used).
>
> | | |
> |---|---|
> | *Llegó hace dos días.* | He arrived two days ago. |
> | *Empecé el inglés hace tres años.* | I began English three years ago. |
> | *Hace dos días que está aquí.* | He has been here for two days. |
> | *Hace tres años que estudio inglés.* | I have been studying English for three years. |
> | *Está aquí desde hace dos días.* | He has been here for two days. |
> | *Estudio inglés desde hace tres años.* | I have been studying English for three years. |

10 Las frases a continuación contienen varias formas de explicar lo mismo. Decide qué números corresponden a la misma frase.

1 Hace mucho que no te veo.

2 Hace muchos años que terminé en primaria.

3 No te veo desde hace mucho tiempo.

4 Terminé en primaria hace muchos años.

5 Juego al fútbol desde hace por lo menos diez años.

6 Hace por lo menos diez años que juego al fútbol.

7 Empecé a jugar al futbol hace por lo menos diez años.

4.2 Further education and training

The **conditional tense** expresses what *would* happen. It is often used with 'if'. This tense is simple to form for regular verbs and works very much like the future tense, but with a different set of endings. The 'if' part of the sentence requires the use of an imperfect subjunctive, and this is covered later. In any case, you will understand from the context and what you already know about verbs.

Just add the endings below to the infinitive, for example *trabajaría* = I / he / she would work; *vivirían* = they would live. Irregular conditional tense verbs use the same stem as the future tense, so if you didn't memorise them before, now is a good moment to do this, for example *diría* = I / he / she / it would say; *tendría* = I / he / she / it would have; *pondría* = I / he / she / it would put.

ía	íamos
ías	íais
ía	ían

1 Rellena los huecos con la forma correcta del condicional.

1 Él .... que es una buena idea. (*decir*)

2 Mis padres nunca .... en un restaurante demasiado caro. (*comer*)

3 Es bonita esa casa; yo .... allí. (*vivir*)

4 Yo no .... sin paraguas; va a llover. (*salir*)

5 Esta tarde, nosotros .... hacer una tarta para la fiesta. (*poder*)

6 En tu lugar, yo .... mucho cuidado con esa escalera. (*tener*)

7 Esa chaqueta no te va, ¿no te .... la otra? (*poner*)

8 Ella no .... nunca con esos vecinos. (*hablar*)

2 Selecciona la terminación apropiada (letras) para la primera parte de la frase (números). Sobran dos terminaciones.

1 productor de ....

2 especialista en ....

3 marketing ....

4 subir ....

5 publicar en ....

6 repetir la ....

A la red

B digital

C podcasts

D archivos

E e-commerce

F experiencia

G dudas

H ingresos

3 Caminito. Empezando por la letra que está arriba del todo a la izquierda, sigue el caminito de las letras que forman palabras. ¡Atención! Es posible seguir el caminito en todas las direcciones menos en diagonal. Si quieres, usa un color diferente para las palabras que encuentres – hay diez en total.

E	M	P	T	O	R	M	E	O	C	I
A	Z	E	O	I	E	A	R	C	A	N
R	P	I	L	D	F	A	D	A	R	R
N	A	M	O	I	N	Y	U	R	C	I
Q	B	A	V	I	E	R	E	I	L	E
U	E	R	O	A	J	A	N	T	E	R

4 Empareja las palabras en español (números) con su versión en inglés (letras). ¡Atención! No necesitas todas las palabras en inglés. El primero es un ejemplo.

1	aprobar	E	**A**	*language*	
2	idioma	....	**B**	*degree*	
3	ordenador	....	**C**	*computer*	
4	cliente	....	**D**	*level*	
5	nivel	....	**E**	*to pass*	
6	grado	....	**F**	*profession*	
			G	*to fail*	
			H	*client*	

5 Resuelve los anagramas.

1 recoja .... (*cashier*)

2 redorando .... (*computer*)

3 talidig .... (*digital*)

4 encogio .... (*business*)

5 cifrába .... (*factory*)

6 radio .... (*to hate*)

6 Completa cada frase con un verbo del recuadro. ¡Atención! No necesitas todos los verbos.

lleguè	visitè	visitarìa	estudiarè
podrìa	ir	ayudarìamos	terminarè

1 El año próximo .... la carrera y tendré más oportunidades.

2 Con mucho dinero, ... todo el mundo.

3 Mis amigos quieren .... a la misma universidad que yo.

4 Estoy seguro que .... matemáticas.

5 Cuando .... la universidad me impresionó bastante.

6 Sin un buen nivel de inglés no .... ganar tanto.

7 Detective lingüístico. Resuelve las pistas.

1 Licenciarse es tener un gr............................ .

2 Para ser piloto, por ejemplo, hay que terminar unos cursos especializados. Esto se

llama la f............................ .

3 Adjetivo (plural) para expresar la idea de trabajo – hacer prácticas l............................ .

4 Sinónimo de "escoger" o "seleccionar": el............................

5 Sinónimo de "tener confianza": e............ s...............

6 El periodo de estudios en la universidad: ca............................

8 Crucigrama.

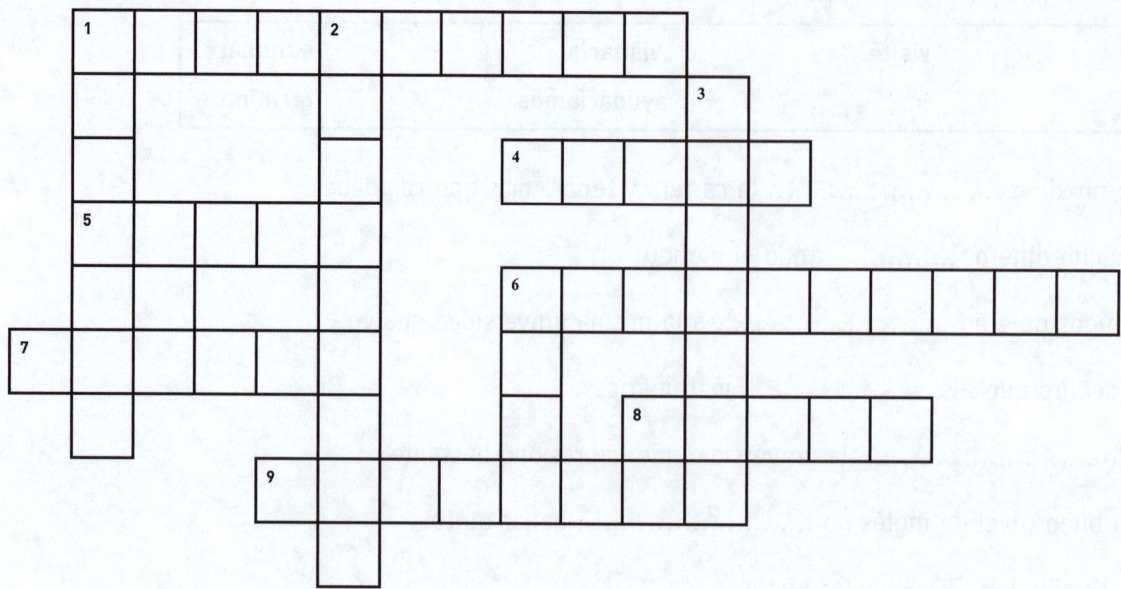

Horizontales

1 Se usa con una consola

4 Teléfono personal

5 Presente, "tener", usted

6 Útil en el teléfono, más rápido que un sitio web

7 Condicional, "haber" (cinco letras)

8 Condicional, "dar", él

9 Ordenador pequeño, para llevar consigo

Verticales

1 Contrario de tiempo "real"

2 Para conectar a Internet; sustituye la máquina de escribir

3 Adjetivo usado con la nueva tecnología

6 Imperativo, "abrir", formal, singular

8 Pretérito, "dar", yo

9 Elige una de las dos opciones.

1 Sueño **con | de** ser ingeniero.

2 Por **mucho | ahora** sé que debo estudiar mucho.

3 Quiero empezar a ganar dinero lo **antes | tarde** posible.

4 Este verano voy a **saber | hacer** prácticas.

5 Quiero tener mi **posible | propio** negocio.

6 De **momento | ahora** trabajo los fines de semana en una pizzería.

7 Me paso la vida estudiando pero no es **ninguna | nada** fácil.

8 A mí me fascina la idea **al | de** tener mi propia empresa.

4.3 Employment

1 Resuelve los anagramas.

1 perifónos .... (*profession*)

2 recoges .... (*to choose*)

3 retentivas .... (*interview*)

4 reactivo .... (*creative*)

5 acuesten .... (*survey*)

6 birle .... (*free*)

2 Empareja las palabras en español (números) con su versión en inglés (letras). ¡Atención! No necesitas todas las palabras en inglés. El primero es un ejemplo.

1 abogado   H

2 periodismo ....

3 entrevistar ....

4 resolver   ....

5 maleducado ....

6 perfil   ....

A *periodical*

B *to interview*

C *profile*

D *to solve*

E *polite*

F *rude*

G *journalism*

H lawyer

3 La familia de las palabras. Usa las columnas para relacionar las palabras a continuación y rellenar los huecos. El primero es un ejemplo.

	Infinitivo	Adjetivo	Sustantivo
1	disponer	disponible	disponibilidad
2	comunicar	comunicativo/a	....
3	obligar	....	obligación
4	crear	....	creatividad
5	....	preocupado/a	....
6	trabajar	....	trabajo
7	....	estudioso/a	estudio(s)
8	divertir(se)	....	....
9	madrugar	madrugador(a)	....

4 Subraya la palabra o expresión que no encaja.

1 grado	profesión	carrera	comer
2 desventajas	problemas	soluciones	inconvenientes
3 notas	resultados	premios	ventajas
4 perder	aconsejar	recomendar	guiar
5 decidir	conocer	elegir	seleccionar
6 apoyar	ayudar	actualizar	echar una mano

5 ¡Estas frases no tienen sentido! Cambia el orden de las palabras para resolverlas. La primera palabra ya la tienes.

1 en estudiar tener futuro trabajo importante el es para un

Es ....

2 profesión que suerte la elegí con tuve

Tuve ....

3 una química fue estudiar equivocación gran

Estudiar ....

4 me física se bien matemáticas las la dan y

Se ....

5 dedico enseñanza encanta la y la me actualidad en a me

En ....

6 trabajo carrera aconsejo mientras busques estudias un la te que

Te ....

6 Rellena los huecos con la palabra apropiada del recuadro. ¡Atención! No necesitas todas las palabras.

curso	profesiones	diseño	error	teórica	elemento
prácticas	elección	carrera	arquitectura	importancia	

El .... que cometí fue no conocerme a mí mismo. Esto me llevó a elegir la ....

de .... cuando en realidad la parte .... no se me daba tan bien. Sí que manejaba

bien el ...., pero no me di cuenta de la .... del .... teórico. Después

de hacer unas .... decidí cambiar de .... y ahora estoy mucho más contento con

mi ....

The **subjunctive** is one of three moods of the verb. The others are the *indicative* and the *imperative*. Here is an example of the use of the present subjunctive:

Quieren que hables. (They want you to speak.)

Note the change of subject; if you wanted to say *Quieren hablar* (They want to speak), the subjunctive would not be needed.

The subjunctive is used in subordinate clauses:

- after conjunctions of time, such as *cuando*, to express things in the future:
  Cuando sea mayor, iré a la universidad. (When I am older, I will go to university.)
- after verbs of wishing, command, request or emotion:
  Espero que me escribas pronto. (I hope that you write to me soon.)
- to express purpose after *para que*:
  Te daré las llaves para que puedas entrar en casa. (I will give you the keys so that you can enter the house.)
- to express possibility, probability and necessity:
  Es posible que venga contigo. (It's possible that I might come with you.)
- after verbs of saying and thinking in the negative:
  No creo que sea fácil. (I don't think this is / will be easy.)

7 Rellena esta tabla con la forma apropiada del subjuntivo. Consulta N13 de la sección de gramática sobre la formación de los tiempos del subjuntivo.

	Presente de indicativo	**Presente de subjuntivo**
(yo)	hablo	....
(tú)	comes	....
(él)	trabaja	....
(nosotros)	vemos	....
(yo)	pongo	....
(vosotros)	salís	....
(ellos)	vuelven	....
(él)	escribe	....

8 Completa cada frase con un subjuntivo de presente del recuadro. ¡Atención! No necesitas todas las palabras. Luego traduce la frase entera a tu propio idioma en otra hoja.

ayudes	tenga	sean	vengas	miren
escribas	pongamos	salgas	termine	puedas

1 Quiero que tú .... inmediatamente conmigo.

2 Necesito que me .... con los deberes.

3 Cuando .... 20 años, compraré un coche.

4 No creo que .... preguntas fácil.

5 Te daré un bocadillo para que .... comer en el tren.

6 Espero que .... la carta pronto.

7 Prefiero que no .... sin abrigo.

8 Ojalá esto .... pronto.

9 Rellena los huecos usando la forma correcta del presente de subjuntivo para cada infinitivo.

1 ¿Quieres que yo .... contigo? (*ir*)

2 Necesitamos que tú nos .... con las tareas de la casa. (*ayudar*)

3 Cuando .... los 80 años, mi abuelo tendrá una fiesta. (*cumplir*)

4 No creen que nosotros .... hacer esto. (*saber*)

5 Te darán un mapa, para que .... la catedral. (*encontrar*)

6 Esperamos que ellas .... el dinero pronto. (*tener*)

7 Prefieren que tú no......................... sin quitarte los zapatos. (*entrar*)

4.4 Communication and technology at work

The **direct object pronouns** are:

Singular		Plural	
me	me	*nos*	we
te	you	*os**	you
lo / le	him, it, you (formal, masc.)	*los / les*	them, you (formal, masc.)
la	her, it, you (formal, fem.)	*las*	them, you (formal, fem.)

*os is used only in Spain.

Lo / los and *le / les* are mostly interchangeable:

Lo / *Le conozco bien.*
I know him / it / you well.

Direct object pronouns are placed *before* the verb except when using an infinitive, an imperative or a gerund, when they are generally added to the end of the verb. However, it is possible, with exactly the same meaning, to say:

estoy comiéndolo or *lo estoy comiendo*

voy a comprarlo or *lo voy a comprar*

1 Rellena los huecos con la forma apropiada del pronombre de objeto directo para completar las siguientes frases.

1 Carlos .... vio en el cine anoche. (*me*)

2 ¡Mira estos zapatos! .... compré en el mercado. (*them*)

3 Santiago .... ha invitado a su boda. (*us*)

4 Mi madre ha perdido sus llaves. Yo no .... he visto. (*them*)

5 ¿Tienes mi libro de matemáticas, Juan? Sí, ... tengo. (*it*)

6 ¿Quieres esta bolsa, Sofía? Sí, ... quiero. (*it*)

2 ¡Socorro! Escribe las letras que faltan.

1 r__des s__ci__l__s

2 b__j__r u__a a__li__ac__ __n

3 p__nt__l__a t__ct__l

4 p__ __o-__el__ie

5 t__ __la__o e__t__r__o

6 s__ __ur__d__d en __ __nea

3 Selecciona la terminación apropiada (letras) para la primera parte de la frase (números). ¡Atención! Sobran dos letras. El primero es un ejemplo.

1 estar	*D*	**A**	genuinas
2 grabar	....	**B**	táctiles
3 imágenes	....	**C**	de contraseñas
4 pantallas	....	**D**	*de moda*
5 gestor	....	**E**	de voz
6 instalar	....	**F**	riesgos
7 perjudicar	....	**G**	mensajes
8 mensajes	....	**H**	la salud
		I	prontos
		J	juegos

4 Detective lingüístico. Resuelve las pistas.

1 Sinónimo de reglas: no...............

2 Lo que necesitas para poder acceder a Internet inmediatamente: bu............... .... (dos palabras)

3 Versión castellana de "email": co............... .... (dos palabras)

4 Número secreto para el ordenador, etc: cont...............

5 Una gran preocupación para algunos trabajadores cuando llega la Inteligencia Artificial:

pé............... de .... (tres palabras)

6 Afectar negativamente, dañar: pe...............

> The **indirect object pronouns** are almost identical to the direct object pronouns given above. They are *me, te, le, nos, os, les*.
>
> They are placed before the verb except when using an infinitive, an imperative or a gerund, when they are generally added to the end of the verb.

5 Rellena los huecos con la forma apropiada del pronombre de objeto indirecto.

1 Ignacio .... enviará un correo electrónico ahora, señor. (*to you, singular, formal*)

2 .... voy a decir la verdad. (*to you, singular, informal*)

3 No quiero decir .... lo que pasó anoche. (*to you, singular, informal*)

4 .... traigo esta botella de agua fresca. (*to you, plural, informal*)

5 Siempre .... saludamos, al señor Nadal. (*to him*)

6 Da .... ese periódico, por favor. (*to me*)

7 Paco .... dio una sorpresa a sus amigos. (*to them*)

8 Mi abuelo siempre .... trae manzanas de su árbol. (*to us*)

6 Subraya la palabra o expresión que no encaja.

1 archivo	carpeta	contraseña	empleado
2 actividad	ordenador	pantalla	portátil
3 ratón	normas	teclado	dispositivo
4 conectar	navegar	establecer	página de inicio
5 página web	impresora	tableta	empresa
6 oficina	antivirus	ratón	el grupo de chat

7 Rellena los huecos con la palabra apropiada del recuadro. ¡Atención! No necesitas todas las palabras.

éticos	**virtual**	**tecnológico**	**universitarias**	**plagio**
pérdida	**opinión**	**herramienta**	**apoyo**	**futuro**

Actualmente parece que todo el mundo tiene una .... sobre la IA: lo mejor del

.... aclaman algunos; otros no ven más que problemas .... y ya hemos tenido

cierta experiencia con el .... , por ejemplo en las carreras .... Puede que sea

un avance .... nunca visto hasta ahora; sin embargo, las posibilidades de desinformación

preocupan y para muchos el temor de la .... de empleo es real y no ....

8 Crucigrama.

Verticales

1 Verbo "saltar", presente de subjuntivo, tú

2 Aparato tecnológico

3 Dejar un mensaje de voz

5 Verbo "ser", futuro, tú

8 Color de un cielo despejado

Horizontales

4 Sinónimo de "cascos"; para oír tu música en privado

6 Peligro; hay que evitar o reducir esto con la IA

7 Verbo "bajar", el futuro, él

9 Sinónimo de "portátil"

10 Progreso

5.1 International travel

The **future perfect tense** follows much of the same pattern we have already seen for the present perfect and works as follows using the future tense of *haber*:

habré	
habrás	
habrá	+ past participle
habremos	
habréis	
habrán	

Remember: the past participle for regular verbs is formed as follows:

- infinitives ending in *-ar* change their endings to *-ado*
- infinitives ending in *-er* or *-ir* change their endings to *-ido*.

For example *habré trabajado* = I will have worked; *habrá comido* = he will have eaten. Refer to the Student's Book to find all the irregular verb forms.

1 Rellena los huecos con la forma correcta del verbo *haber* para hacer una frase en el futuro perfecto. El primero es un ejemplo.

1 Yo habré hablado con ella antes de tu llegada.

2 Tú .... comido bien, al salir de la casa de mi abuela.

3 Ana .... trabajado dos horas adicionales hoy.

4 Nosotros .... visto casi toda la ciudad con este autobús turístico.

5 En casa mi madre ya .... puesto la mesa para comer.

6 Son las ocho y el panadero ya .... abierto la panadería.

7 Hoy es martes. .... vuelto mis primos de sus vacaciones.

8 Para las nueve te aseguro que yo .... escrito todas las cartas.

2 Rellena los huecos con el participio de pasado. El primero es un ejemplo.

1 Yo habré solucionado el problema antes de tu llegada. (*solucionar*)

2 Tú habrás .... bien en ese hotel. (*dormir*)

3 Ana habrá .... su récord como deportista si gana la carrera hoy. (*batir*)

4 Nosotros habremos .... todos los lugares de interés antes de volver. (*visitar*)

5 En casa mi padre ya habrá .... la comida. (*hacer*)

6 Son las diez y las tiendas ya habrán .... (*cerrar*)

7 Hoy es sábado. Habrá .... el circo a la ciudad. (*venir*)

8 Para mañana prometo que habré .... todo el trabajo. (*terminar*)

3 Rellena los huecos con la palabra apropiada del recuadro. ¡Atención! No necesitas todas las palabras.

año	guitarra	inmersión	países	ocasión
idioma	intercambio	alojamientos	lujo	proyecto

Estoy ahorrando para comprarme una .... , de manera que viajar a varios .... durante todo

un .... me parece que se queda para otra .... Sin embargo, sí que me gustaría hacer algo

diferente (¡y barato!) y me interesa el .... de perfeccionar un .... Lo que quiero es una

.... total, entonces lo que iría bien sería un ....

4 Estas palabras están desordenadas: cuatro están escritas al revés y cuatro tienen todas las letras confundidas. Resuélvelas.

1 racotua .... (*coach*)

2 oeslupecátc .... (*spectacle*)

3 omipiraügs .... (*canoeing*)

4 oiratnulov .... (*voluntary*)

5 anatzelaru .... (*nature*)

6 raturfsid......................... (*to enjoy*)

7 oouiectmsr .... (*ecotourism*)

8 rarroha .... (*to save*)

5 Resuelve los anagramas.

1 rotaba .... (*cheap*)

2 gular .... (*place*)

3 rapar .... (*to stop*)

4 porteras .... (*to refuel*)

5 jocones .... (*advice*)

6 tema .... (*aim*)

7 chapnizo .... (*flat tyre*)

8 catauro .... (*coach*)

6 Selecciona la terminación apropiada (letras) para la primera parte de las frases (números).

1 cuidar ....

2 según ....

3 tardar ....

4 resolver ....

5 habremos ....

6 subir ....

7 estamos interesados en ....

8 la última parte ....

A en llegar

B charlar

C acordamos ayer

D del recorrido

E fotos al blog

F el medio ambiente

G visto un montón de cosas

H el problema

7 Detective lingüístico. Resuelve las pistas y escribe las definiciones.

1 ¿Qué son "alforjas"? ....

2 ¿Qué significa "repostar"? ....

3 Forma de tener vacaciones sin pagar nada; solo tienes que ayudar a los otros. A lo mejor te

ofrecen alojamiento. Ser ....

4 Deporte extremo (aunque no siempre) que se practica en el mar o en un río y empieza con la

letra "p". ....

5 Sinónimo de "equitación". .... a ....

6 Sinónimo de "autocar". ....

> **Conditional sentences** come in three main forms, the most straightforward of which is open conditions, in statements about things that may or may not happen.
>
> Here, the *si* clause is in the present indicative. In the main clause, either the present indicative, the future indicative or the imperative is used:
>
> *Si voy a Lima, visitaré a mi primo.* (If I go to Lima, I will visit my cousin.)
>
> *Si no te gusta el postre, déjalo.* (If you don't like the dessert, leave it.)

8 Rellena los huecos con la forma apropiada del verbo.

1 Si tienes tiempo, ... por casa mañana. (*pasar*)

2 Si tengo tiempo, ... a verte mañana. (*ir*)

3 Compraremos esos libros si .... dinero. (*tener*)

4 Termina tus deberes si .... salir al centro. (*querer*)

5 Si llueve mucho esta tarde, yo no .... (*salir*)

6 Saca las mejores notas posibles si de verdad .... ser ingeniero. (*pensar*)

7 Si hablas un par de idiomas, tus futuras posibilidades laborales ....
increíbles. (*ser*)

5.2 Weather on holiday

There are three ways of using the **passive** in Spanish:

1 Where we use *ser* + past participle (which agrees with the subject of the sentence): we can use all tenses of the verb *ser*, as appropriate, for example *La carta fue escrita ayer.*

2 Where there is no agent (that is, nobody actually doing the action), we can also use *se* with the verb, for example *En el museo se pueden ver muchas cosas interesantes.*

3 Using the third person plural of an active verb, for example *Dicen que hay problemas en el aeropuerto.*

It's useful to practise all of these three methods, but also worth noting that the use of *se* is much more common (and easier to form) since Spanish uses the passive less than in some languages, for example English.

1 Rellena los huecos con la forma correcta del participio de pasado en las siguientes frases. El primero es un ejemplo.

   1 La carta fue mandada ayer. (*mandar*)

   2 El documento fue .... en 1977. (*firmar*)

   3 La nueva novela será .... en mayo. (*publicar*)

   4 El jardín es .... por mi padre. (*cuidar*)

   5 Los árboles fueron .... en otoño. (*cortar*)

   6 Las nuevas casas serán .... el mes que viene. (*terminar*)

   7 Todos los ejercicios fueron .... por los alumnos. (*completar*)

   8 Las dificultades serán .... con un poco de determinación. (*superar*)

2 Rellena los huecos con la forma y el tiempo correctos del verbo "ser" en estas frases.

   1 El paquete .... enviado ayer. (*pasado*)

   2 Los contratos .... firmados pronto. (*futuro*)

   3 El segundo libro .... publicado en junio. (*pasado*)

   4 El parque .... cuidado por muchas personas. (*presente*)

   5 Las flores .... plantadas en primavera. (*pasado*)

   6 Mi nuevo apartamento .... construido aquí. (*futuro*)

   7 Desafortunadamente los deberes no .... terminados. (*pasado*)

   8 Los problemas .... solucionados con inteligencia. (*presente*)

3 Cambia el verbo para hacer frases en voz pasiva usando *se* y el tiempo indicado. El primero es un ejemplo.

1 vender, presente: *Se vende* pan aquí.

2 no poder, presente: .... ver al médico hoy.

3 construir, pasado: .... el palacio en el siglo dieciocho.

4 no deber, presente: .... tomar este medicamento sin comida.

5 no poder, futuro: .... ver la estatua desde aquí.

6 decir, presente: .... que nevará.

7 creer, presente: .... que salió pronto.

8 no saber, pasado: .... qué pasó.

4 Empareja las palabras en español (números) con su versión en inglés (letras). ¡Atención! No necesitas todas las palabras en inglés. El primero es un ejemplo.

1 parar de llover   J   **A** *to blow (of wind)*

2 tras   ....   **B** *to forecast*

3 cubrir   ....   **C** *noises*

4 cubo   ....   **D** *damage*

5 soplar   ....   **E** *endless*

6 sin descanso   ....   **F** *torrential*

7 pronosticar   ....   **G** *bucket*

8 daños   ....   **H** *to cover*

                                           I *after (time)*

                                           J *to stop raining*

5 Decide si estas oraciones son verdaderas (V) o falsas (F).

1 La lluvia acompañada de vientos fuertes se llama "tormenta". ....

2 Cuando el agua empieza a caer por un agujero en el techo, es útil tener un cubo. ....

3 Cuando hay mucha niebla, un paraguas es necesario. ....

4 El pronóstico del tiempo nunca se equivoca. ....

5 Un cielo despejado es cuando hay muchas nubes. ....

6 La ropa adecuada se elige en función del tiempo. ....

6 Detective lingüístico. Resuelve las pistas.

1 Recipiente de cocina; útil cuando hay una gotera en casa: ....

2 Las autoridades hacen esto con el transporte público en caso de inundaciones: ....

3 Una de las cuatro estaciones; viene antes del invierno: ....

4 Alojamiento que no cuesta una fortuna; típicamente para estudiantes: ....

....

5 "Después de" con expresión temporal; cuatro letras: ....

6 Una palabra para describir lluvias "muy fuertes": ....

7 Temperaturas superiores a los 40 grados son ....

8 Un clima agradable sin extremos es un clima ....

7 Caminito. Empezando por la letra que está arriba del todo a la izquierda, sigue el caminito de las letras que forman palabras asociadas con el tema. ¡Atención! Es posible seguir el caminito en todas las direcciones menos en diagonal. Si quieres, usa un color diferente para las palabras que encuentres. Hay siete en total.

T	O	R	P	R	O	N	A	C	I	O	E	N
N	E	R	R	E	D	Ó	D	N	E	N	U	C
C	I	A	P	E	N	S	N	U	S	C	C	I
L	L	L	S	U	I	T	I	S	A	O	E	A
U	V	I	A	S	C	O	A	G	U	N	S	S

8 Subraya la palabra que no encaja.

1	pronóstico	producción	predicción	previsión
2	soplar	lluvia	granizo	precipitación
3	impresionante	increíble	débil	poderoso
4	heladas	caramelos	nubes	tormentas
5	cubierto	despejado	nublado	gris
6	desagradable	horrible	terrible	suave
7	descansar	parar	esperar	iniciar
8	escaso	abundante	aislado	mínimo

5.3 Festivals and faiths

1 Resuelve los anagramas.

1 encomiare .... (*ceremony*)

2 andamio .... (*lively*)

3 urdio .... (*noise*)

4 incitadór .... (*tradition*)

5 drógan .... (*dragon*)

6 lamina .... (*animal*)

7 sueter .... (*luck*)

8 crustula .... (*cultures*)

2 Empareja las palabras en español (números) con su versión en inglés (letras). ¡Atención! No necesitas todas las palabras en inglés. El primero es un ejemplo.

1	en absoluto	I	**A**	*tasty*	**F**	*lucky*
2	la suerte	....	**B**	*mayor*	**G**	*to feel like*
3	afortunado	....	**C**	*to avoid*	**H**	*arrival*
4	sabroso	....	**D**	*to light, switch on*	**I**	not at all
5	la llegada	....	**E**	*luck*	**J**	*noisy*
6	ruidoso	....				
7	el alcalde	....				
8	encender	....				

> Here are some basic rules for forming **imperatives**:
>
> 1 Affirmative commands (where you want someone to do something) in non-reflexive verbs in the *tú* form use the third-person singular (*él / ella / usted*) of the present tense. If you want someone to speak, you say ¡*Habla!*
>
> 2 There are some common irregulars you need to learn by heart, for example ¡*Sal!* (Get out!). Reflexive verbs work in a slightly different way, for example ¡*Siéntate!* (Sit down!).
>
> 3 Negative and formal (*usted* form of the verb) commands take the appropriate part of the present subjunctive, for example ¡*Venga conmigo!* (Come with me!); ¡*No te vayas!* (Don't go!).

3 Empareja los imperativos (números) con los contextos (letras).

1 Alumnos, levantaos. ....

2 Por favor, firme aquí el cheque. ....

3 No toquen los artefactos. ....

4 Dígame. ....

5 No salgas sin paraguas. ....

6 Escríbeme pronto. ....

7 No me hables así. ....

8 Toma tu tiempo. ....

A un día lluvioso

B un adiós

C en clase

D no hay prisa

E en un museo

F en el banco

G una disputa

H a teléfono

4 Completa la tabla con las formas correctas del imperativo afirmativo.

tú	vosotros	usted	ustedes
habla	hablad	....	....
ven	....	venga	....
....	oíd	....	oigan
....	....	tenga	tengan

5 Completa la siguiente tabla con las formas correctas del imperativo negativo.

tú	vosotros	usted	ustedes
no hables	no habléis	....	....
no vengas	....	no venga	....
....	no oigáis	....	no oigan
....	....	no tenga	no tengan

6 Rellena los huecos para resolver las oraciones, escogiendo dos de las tres palabras a continuación.

   1 Me encantaron las fiestas tan .... de .... un año.

     momentos   *hace*   *espectaculares*

   2 Después hay la posibilidad de .... de la mejor ....

     disfrutar   *fuegos*   *comida*

   3 Para comer podemos .... la comida .... de aquí.

     probar   *disfruto*   *típica*

   4 Para llegar al centro es .... ir a pie porque hay tanta ....

     peatones   *gente*   *mejor*

   5 Los fuegos .... son a partir de las diez de la ....

     noche   *suerte*   *artificiales*

   6 La .... del año .... me gustó más.

     procesiones   *pasado*   *celebración*

To form the **imperfect continuous tense**, the imperfect tense of *estar* is used with the gerund, which ends -*ando* or -*iendo*. The tense is used to express what was happening at a particular time.

	-*ar* verbs	-*er* verbs	-*ir* verbs
yo	estaba bailando	estaba comiendo	estaba viviendo
tú	estabas bailando	estabas comiendo	estabas viviendo
él / ella / usted	estaba bailando	estaba comiendo	estaba viviendo
nosotros/as	estábamos bailando	estábamos comiendo	estábamos viviendo
vosotros/as	estabais bailando	estabais comiendo	estabais viviendo
ellos / ellas / ustedes	estaban bailando	estaban comiendo	estaban viviendo

Remember that there are a few irregular gerunds, such as *yendo* (ir), *durmiendo* (dormir) and *leyendo* (leer).

7 Completa estas frases con el verbo en el pasado continuo.

1 Anoche mis primos .... paella en un restaurante. (*comer*)

2 Tú .... el periódico cuando llegué. (*leer*)

3 Nosotros .... el tren en la estación de Atocha. (*esperar*)

4 Manolo .... muy rápido cuando ocurrió el accidente. (*conducir*)

5 Ronaldo .... en el equipo que ganó. (*jugar*)

6 Mi abuelo .... en el salón. (*dormir*)

7 Mamá, ¿a qué hora .... la cocina esta mañana? (*limpiar*)

8 Javier y Ricardo, ¿qué .... anoche? (hacer)

8 Estas palabras están desordenadas: tres están escritas al revés y cinco tienen todas las letras confundidas. Resuélvelas.

1 etnanoicome .... (*exciting*)

2 robmat .... (*drum*)

3 eíuachchr .... (*sweet*)

4 baientem .... (*atmosphere*)

5 ulced .... (*sweet*)

6 dacaidr .... (*charity*)

7 oicaiscrif .... (*sacrifice*)

8 etnanoiserpmi .... (*impressive*)

9 Descubre los nombres de seis festivales. Las letras que se usan corresponden a una serie de números. Utiliza la clave para descifrar las palabras; además tienes que rellenar algunos espacios y tendrás que añadir los acentos ortográficos que faltan.

A	B	C	D	E	F	G	H	I	J	L	M	N	O	P	Q	R	S	T	U	V	W	Y	Z
1	2	3	4	5	6	7	8	9	10	12	13	14	15	16	17	18	19	20	21	22	23	24	25

1 5, 12 __ 9, __ 4, 5 18, __, 24, __, 19 ....

2 14, __, 3, __, 5, 2, 21, __14, __ ....

3 __, 1, 13, __, 4, __, __ ....

4 5, 12 4, 9, 1 4, 5 __, 1, __, 9, __, 1, 4 ....

5 12, 1 6, 9, __, 19, __, 1 4, 5 __, 9, __ ....

6 19, 5, __, 1, 14, 1 __, 1, __, __, 1 ....

5.4 International menus

1 Resuelve los anagramas.

1 calcareo .... (*saucepan*)

2 surgia .... (*to stew*)

3 tendero .... (*fork*)

4 trompicar .... (*to share*)

5 churepo .... (*cooking pot, stew*)

6 acerte .... (*recipe*)

7 éntras .... (*frying pan*)

8 lime .... (*honey*)

Both the verbs *ser* and *estar* mean 'to be', but they are used in different circumstances.

Verb		Adjectives linked to each verb
Ser	is a definition refers to characteristics refers to permanent features is used for jobs.	*necesario/a, importante, inteligente*
Estar	is a state may be temporary refers to position.	*bien, mal, fatal, de buen humor enfermo/a, enfadado/a, ocupado/a*

Some adjectives have different meanings depending on whether they are used with *ser* or *estar*:

Adjective	With *ser*	With *estar*
aburrido/a	boring	bored
listo/a	clever	ready
malo/a	bad	ill
nervioso/a	nervous (person)	feeling anxious now

2 Elige el verbo correcto para cada frase.

Cada vez piensa si es una "definición" o un "estado".

1 **Soy | Estoy** de Lima.

2 París **es | está** la capital de Francia.

3 Mi madre **es | está** enfermera.

4 **Son | Están** las once y cuarto.

5 Hoy no **soy | estoy** contento.

6 Mis hermanos **son | están** en el jardín.

3 Rellena los huecos con la forma correcta del verbo *ser* o *estar*.

1 No .... necesario venir hoy porque yo .... muy ocupado.

2 Mi hermano .... muy inteligente y siempre .... de buen humor.

3 No sé por qué tú .... enfadado, pero .... muy injusto.

4 .... importante ponerte el abrigo si tú .... enferma.

4 Empareja las palabras en español (números) con su versión en inglés (letras). ¡Atención! No necesitas todas las palabras en inglés. El primero es un ejemplo.

1	platos	J	**A**	*to cook*	
2	cocinar	....	**B**	*microwave*	
3	cocinero/a	....	**C**	*desserts*	
4	postres	....	**D**	*honey*	
5	carne	....	**E**	*meat*	
6	sartén	....	**F**	*saucepan*	
7	batidora	....	**G**	*chef*	
8	microondas	....	**H**	*recipe*	
			I	*mixer*	
			J	*dishes*	

5 ¡Socorro! Escribe las vocales que faltan. Una pista: el símbolo * significa que las letras que faltan son las mismas (sin contar acentos).

1 c__l__b__z__*

2 r__mov__r*

3 r__c__ta*

4 c__chill__

5 del__c__oso*

6 c__sc__s*

7 tr__z__s*

8 ac__it__*

> The **pluperfect tense** expresses things that had happened already, before another event in the past. It follows much of the same pattern we have already seen for the present perfect, future perfect and conditional perfect. It uses the imperfect of *haber* and works as follows:
>
> *había trabajado* = I had worked   *había comido* = she had eaten
>
> Irregular past participles are the same as for the other perfect tenses.
>
> | | |
> |---|---|
> | *había* | |
> | *habías* | |
> | *había* | + past participle |
> | *habíamos* | |
> | *habíais* | |
> | *habían* | |

6 Completa cada frase con la palabra apropiada del recuadro. ¡Atención! No necesitas todas las palabras.

empezado	terminado	había	había	habían
bajado	habíamos	había	trabajado	cerrado

1 Ana ya .... llegado, cuando sonó su teléfono.

2 Yo no había .... el bocadillo, pero tuvimos que correr para coger el autobús.

3 Mis hermanos ya .... dicho adiós cuando encontré la cartera de uno de ellos.

4 La fiesta había........................... y la gente quería bailar.

5 Yo .... gastado todo mi dinero así que no pude comprar la revista.

6 ¿Habíais .... bien la puerta antes de salir?

7 Nosotros .... visitado mil veces ese restaurante, pero esta vez la comida no estaba muy buena.

8 Iñaki había .... toda la tarde, y ahora quería descansar.

7 Rellena los huecos con el adjetivo apropiado del recuadro. ¡Atención! No necesitas todas las palabras.

familiar	mixtas	ocupada	riquísima	gran	pequeño
horribles	buenísimos	entera	guisada	frito	

Recientemente mi hermano .... se casó, y se preparó una .... fiesta para la

familia .... , los amigos y los vecinos. Empezamos con ensaladas .... , luego

pescado .... , seguido de carne .... y finalmente unos postres ....

que había preparado la abuela. Una comida .... pero ....

8 En otra hoja, traduce las siguientes frases a tu lengua.

1 No habíamos terminado el primer plato cuando el camarero trajo las patatas fritas.

2 Si es posible evitamos la comida basura.

3 El cocinero había preparado un menú verdaderamente festivo.

4 El arroz se puede usar en los postres o en los platos principales.

5 Comer en familia es tradicional en muchas culturas.

5.5 Environmental problems

The **conditional perfect tense** follows much of the same pattern we have already seen for the present perfect and the future perfect. It works as follows using the conditional of *haber*:

habría	
habrías	
habría	+ past participle
habríamos	
habríais	
habrían	

Remember: the past participle for regular verbs is formed as follows:

- Infinitives ending in -*ar* change their ending to -*ado*.
- Infinitives ending in -*er* or -*ir* change their ending to -*ido*.

For example *habría trabajado* = I would have worked; *habría comido* = I would have eaten

Irregular past participles work in the same way: once you have learnt how to form them, they can be used in a variety of a tenses.

The conditional perfect expresses things that would have happened in the past. It is often used with *si* (if). When it is used with *si*, the part of the sentence with the *si* needs a verb in the past subjunctive.

1 Termina las frases a continuación con la forma apropiada del condicional perfecto. Hay muchas posibilidades para crear tus propias terminaciones.

1 Si hubieras explicado el problema, *yo habría ayudado*.

2 Si tuviera más dinero …

....

3 Si hubieras venido aquí ayer …

....

4 Si ellos hubieran trabajado más …

....

5 Si lo hubiera sabido …

....

6 Si no hubieras llegado tan tarde …

....

7 Si hubiera ganado la lotería …

....

2 ¡Estas frases no tienen sentido! Cambia el orden de las palabras para resolverlas. La primera palabra ya la tienes.

1 ruido problema calles un en las es el

Un ....

2 es las de los emisiones camiones importante reducir

Es ....

3 el es a los medioambiental mayor vehículos debido problema

El ....

4 no ahora del las hasta han todo soluciones funcionado

Las ....

5 intentamos vidrio en papel reciclar casa todo el y el

En ....

6 campaña organizar requiere tiempo una

Organizar ....

7 todos contaminación cosa combatir la es de

Combatir ....

8 baja termostato grados madre siempre mi el unos

Mi ....

3 Empareja las palabras en español (números) con su versión en inglés (letras). ¡Atención! No necesitas todas las palabras en inglés. El primero es un ejemplo.

1	apagar	B		A	noise
2	la basura	....		B	to turn off
3	cuidar	....		C	ozone layer
4	el envase	....		D	to recycle
5	la fábrica	....		E	to ban
6	prohibir	....		F	rubbish
7	reciclar	....		G	to look after
8	el ruido	....		H	to improve
				I	factory
				J	packaging

4 Rellena los huecos para resolver las oraciones, escogiendo dos de las tres palabras a continuación.

1 Para cuidar el .... yo personalmente reciclo .... y envases.

soluciones　　　　　*botellas*　　　　　*planeta*

2 En el colegio intentamos .... toda la .... del patio.

basura　　　　　*campaña*　　　　　*recoger*

3 Creo que es esencial que cada .... haga algo para ....

problema　　　　　*ayudar*　　　　　*persona*

4 Donde yo vivo han intentado .... el .... del tráfico.

bajado　　　　　*volumen*　　　　　*reducir*

5 Ahora las .... de plástico cuestan el doble y me parece una .... idea.

estupendo　　　　　*buena*　　　　　*bolsas*

6 Las calles .... en el centro de la .... son importantes.

tráfico　　　　　*ciudad*　　　　　*peatonales*

7 Combatir la .... causada por los .... es fundamental.

contaminación　　　　　*planeta*　　　　　*vehículos*

A neat alternative to the first part of the si clause is to use **de** + **haber** + **past participle**. This construction entirely replaces the part of the sentence with si and then you continue as before:

De haber ganado más dinero, habría comprado muchas otras cosas. (If I had earnt more money, I would have bought many more things.)

De haber estudiado todo el año, habría sacado mejores notas. (If I had studied throughout the year, I would have got better marks.)

---

5 En otra hoja, cambia la primera parte de las siete frases del ejercicio 1 usando la construcción *de + haber + participio del pasado*.

Ejemplo: 1 De haber explicado el problema,

6 Rellena los huecos con la forma correcta del verbo *haber* + el participio del pasado para hacer una frase en el condicional perfecto. El primero es un ejemplo.

1 Yo habría hablado con ella, pero no tuve el tiempo. (*hablar*)

2 Tú .... , pero no tengo pan. (*comer*)

3 Nosotros .... casi todo, pero ese día llovió mucho. (*ver*)

4 Mi padre normalmente ya .... la mesa. (*poner*)

5 Si hubieras llegado a tiempo, ellos .... ya. (*salir*)

6 Si hubiera tenido más dinero, ella .... por todo el mundo. (*viajar*)

7 Subraya la palabra que no encaja.

1 protesta	manifestación	ayuntamiento	campaña
2 techo	ventana	talleres	pared
3 hábitat	pájaro	tranquilidad	nido
4 empleados	campaña	activista	manifestación
5 manifestación	pasión	equipo	protesta
6 impacto	efecto	visita	consecuencia
7 autopista	carretera	autovía	esfuerzo
8 celebrar	parar	combatir	reducir

8 Detective lingüístico. Resuelve las pistas. Tienes las tres primeras letras.

1 Contrario de fracaso o desastre: éxi.....................

2 Sinónimo de "cuidar": pro.....................

3 Parte de un programa de la radio o de la televisión en que se hace preguntas a algún experto o personaje de cierta importancia: ent.....................

4 Romper en trozos pequeños; destruir: des.....................

5 Si un proyecto tiene muchas posibilidades de tener éxito, entonces se puede decir que es rea..................... .

6 La parte de un edificio o una construcción donde normalmente se fijan los paneles solares: tej..................... .

7 Sinónimo de "producir" (electricidad): gen.....................

Cambridge IGCSE™ Spanish Grammar and Vocabulary Workbook